V.2656.
22.c.

V 2656
22.C.

2656
C.

24 43

ESSAI
D'UN CATALOGUE
DE L'ŒUVRE
D'ETIENNE DE LA BELLE,
PEINTRE ET GRAVEUR FLORENTIN.

Difposé par ordre hiftorique fuivant l'année où chaque piece a été gravée.

Avec la vie de cet Artifte, traduite de l'Italien, & enrichie de notes.

Par CHARLES-ANTOINE JOMBERT.

A PARIS,

Chez L'AUTEUR, Libraire du Roi pour le Génie & l'Artillerie, rue Dauphine, à l'Image Notre-Dame.

M. DCC. LXXII.
Avec Approbation, & Privilege du Roi.

AVERTISSEMENT.

Le titre d'*essai*, que je donne à ce petit ouvrage, est un aveu de mon insuffisance, & une suite des difficultés presque insurmontables que j'ai rencontrées en voulant remplir exactement la tâche que je m'étois imposée dans l'arrangement des pieces de ce catalogue par ordre historique. La grande facilité que j'avois eue à disposer ainsi celui de l'œuvre du célebre *Cochin* fils, mon ami & mon contemporain, que j'ai connu dès sa plus tendre jeunesse, m'a engagé insensiblement à entreprendre ceux de *Callot, la Belle*, & *le Clerc*. Ces quatre artistes, qui peuvent entrer en parallele pour la fécondité de leur génie créateur & l'abondance de leurs productions, feront toujours les délices des amateurs éclairés, & feront également recherchés pour la gentillesse de leur pointe & la richesse de leur composition. Mais qu'il est différent de décrire les ouvrages d'un artiste que l'on n'a point perdu de vue, & dont on a été à

AVERTISSEMENT.

portée de suivre toutes les entreprises un peu considérables, ou de parler de ceux d'un étranger mort il y a plus d'un siecle, & qui a passé une grande partie de sa vie dans un coin de l'Italie, où il n'a été connu que d'un très petit nombre de personnes ! En effet, à l'exception des différentes suites que *la Belle* a mises au jour pendant les dix années qu'il a vécu à Paris, & qui ont trouvé place dans les cabinets des curieux par l'entremise des *Langlois* & des *Israël*, à peine avons-nous quelque notion des autres gravures de cet habile artiste, surtout de celles qu'il a faites depuis son retour de France en Italie, & dont les planches, après sa mort, sont restées ensevelies à Florence dans le cabinet du grand-duc de Toscane. Si les *Marolle*, les *Florent Lecomte*, les *Gersaint*, & les autres faiseurs de catalogues, ont trouvé anciennement tant de difficulté à rassembler les œuvres de *la Belle*, même d'une maniere confuse & sans ordre, qu'aucun d'eux n'a pu parvenir à en donner un catalogue capable de satisfaire les curieux des ouvrages de ce maître, quelle obscurité ne m'a-t-il pas fallu dissiper, quels obstacles n'ai-je pas été obligé de vaincre, pour connoître à présent le tems où chaque piece a été faite, & pour lui assigner la place qu'elle doit occuper dans son œuvre, suivant l'ordre chronologique ! Il ne seroit donc pas surprenant que je me fusse égaré en tâchant de débrouiller ce chaos ; & si quelque critique judicieux me faisoit appercevoir des fautes, soit dans le texte, soit dans les notes dont j'ai fait usage pour éclaircir divers endroits obscurs, loin de lui en vouloir, je lui en aurois obligation, & je profiterois avec docilité de ses avis pour rectifier dans une édition plus complette, si elle avoit lieu, ce que cet *essai* pourroit avoir de défectueux. Un seul amateur, possesseur de l'œuvre de *la Belle* le plus complet qui existe aujourd'hui, étoit en état de me conduire & d'éclairer mes pas dans ce labyrinthe de difficultés ; mais loin de me prêter un secours que j'avois lieu d'attendre de lui, il m'a refusé même la permission de jetter un coup-d'œil sur ce trésor unique qu'il possede, parce qu'il se propose de travailler aussi sur le même sujet. En attendant donc que cet amateur très-éclairé, & bien plus capable d'écrire sur tout ce qui concerne les arts, veuille bien nous faire part de ses connoissances, & donner au public un catalogue de l'œuvre de *la Belle*, d'après celui qui est entre ses mains, je prie le lecteur de jetter un coup-d'œil favorable sur cet *essai*, que je n'avois composé d'abord que pour ma propre instruction, & que je ne me suis déterminé à mettre au jour qu'à la sollicitation de quelques amis qui ont daigné m'encourager & m'aider de leurs lumieres dans ce travail.

Pour dédommager le lecteur de ce qui pourra se trouver de susceptible de critique dans cet *essai de catalogue de l'œuvre de la Belle*, je l'ai fait précéder d'une vie de cet artiste assez ample; elle devient d'autant plus intéressante que je l'ai traduite en partie d'un auteur Italien, compatriote & contemporain de *la Belle*, & qui est connu par plusieurs bons ouvrages sur la vie des peintres & des anciens graveurs. Comme

AVERTISSEMENT.

il s'eſt trouvé à Florence avec cet artiſte dans les dernieres années de ſa vie, il étoit plus en état d'en recueillir les diverſes anecdotes que tous ceux qui ſont venus après lui. Les notes hiſtoriques que j'y ai ajoutées en banniront la ſéchereſſe, & ſerviront à éclaircir quelques endroits obſcurs dans le texte italien, ainſi que pluſieurs contrariétés qui ſe trouvent dans divers auteurs poſtérieurs à celui-ci, leſquels ſe ſont preſque toujours copiés les uns les autres dans ce qu'ils ont écrit ſur la vie & les ouvrages de ce célebre graveur.

Je dois un témoignage public de ma reconnoiſſance à la complaiſance & à l'urbanité de M. *Paignon Dijonval*, amateur très-curieux & très-éclairé, qui poſſede un œuvre de *la Belle* des mieux conditionné, & dont le cabinet eſt dans le plus bel ordre qu'on puiſſe deſirer. Il m'a permis de m'arrêter ſur les pieces rares qui ſe trouvent en nombre dans ſon œuvre de ce maître, autant que j'en ai eu beſoin pour en prendre note & en tirer les deſcriptions qu'on trouvera dans ce catalogue. Je dois

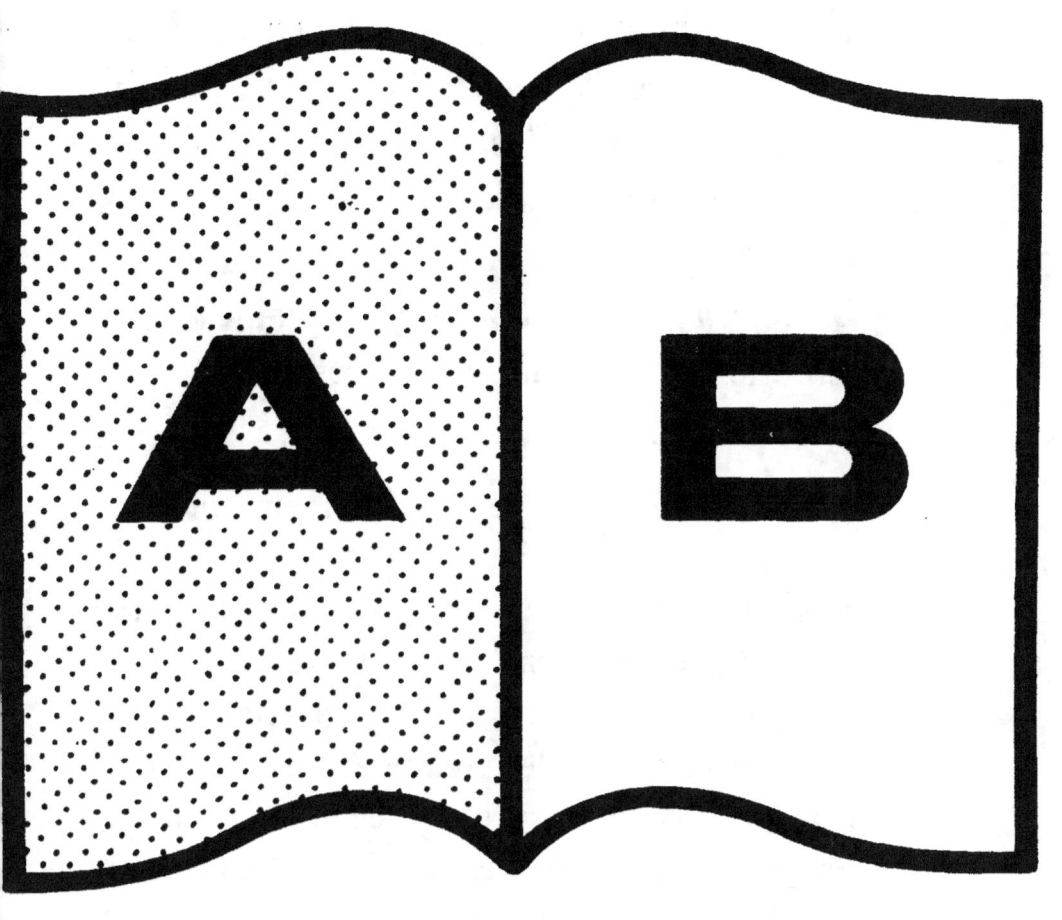

Contraste insuffisant

NF Z 43-120-14

aussi beaucoup à M. *Joullain* fils, marchand d'estampes, & amateur très-instruit, qui m'a procuré l'entrée de ce beau cabinet, & qui m'a été d'un grand secours, soit pour la disposition de ce catalogue de *la Belle*, soit pour celui de l'œuvre de *Sebastien le Clerc*, auquel je travaille actuellement, & qui suivra de près celui-ci.

On avertit que, pour faciliter aux amateurs la recherche des anciennes épreuves, on a laissé subsister exprès dans les titres des diverses suites de la Belle, soit en latin, en italien, ou en françois, toutes les fautes d'ortographe & autres qui se trouvent sur les premieres épreuves de ces planches, comme on peut s'en appercevoir aux numéros 133, 171, &c. ainsi qu'aux sieges & batailles qui terminent ce catalogue, pag. 196 & suivantes, dont les inscriptions ont été copiées mot pour mot d'après ces anciennes épreuves, avant que les fautes aient été corrigées.

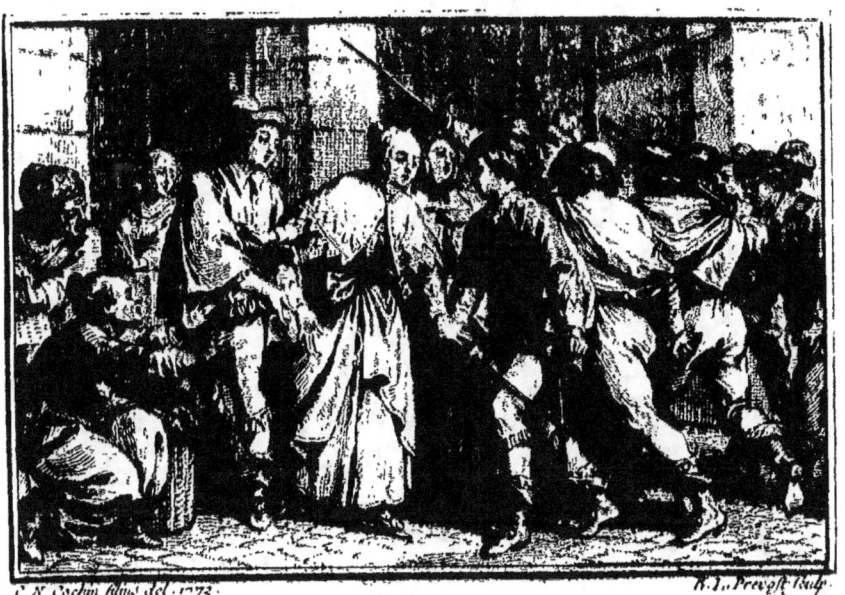

VIE

D'ETIENNE DE LA BELLE,

Peintre & Graveur Florentin.

Tirée de ses propres ouvrages, & de la vie de cet artiste, écrite en italien par Philippe Baldinucci (1), *Florentin.*

PARMI le grand nombre d'excellens sculpteurs qui se sont formés à Florence, dans la

---

(1) *Philippo Baldinucci*, de l'académie *della Crusca*, fut contemporain de la Belle, & naquit à Florence vers l'an 1630. Il a composé en italien plusieurs ouvrages qui sont fort estimés ; en voici les titres : *comminciamento è progresso dell' arte dell' intagliare in rame, in-quarto, in Firenze,* 1686, d'où cette vie de la Belle est tirée en

A

fameuse école de Jean de Bologne (1), originaire de Douai en Flandre, on compte deux freres, nommés, l'un François, l'autre Gaspard-Jérôme *della Bella*. François épousa une demoiselle d'une famille honnête, appellée *Dianora*, fille de François *Buonaiuti*. Il en eut trois fils. Nés dans le sein des arts, ils furent de bonne heure instruits dans le dessein. L'ainé, nommé Jérôme, s'adonna à la peinture ; Louis, qui étoit le second, choisit la profession d'orfévre ; Etienne de la Belle, qui étoit le plus jeune, devint par la suite le plus célebre dessinateur & graveur qui ait existé jus-

---

partie. *Notitie de i professori del disegno, da Cimabue in qua, in-quarto, Firenze*, 1685 ; réimprimé en 1725 en six volumes *in-quarto. Vocabolario Toscano dell' arte del disegno, Firenze*, 1681, *in-quarto. Vita del cavaliere Giovanno Lorenzo Bernini, scultore, architetto, è pittore, con una notizia de tutte i sue opere, ritratti, teste, &c. in-quarto, in Firenze*, 1682, avec figures.

(1) Jean de Bologne, célebre sculpteur & architecte, originaire de Douai en Flandre, naquit en 1524, & fut éleve de Jacques *de Beuch*. Etant venu fort jeune en Italie pour apprendre le dessein, il étudia long-tems à Rome d'après les plus beaux monumens anciens & modernes. Ayant formé le modele d'une figure en terre, qu'il avoit fini avec beaucoup de soin, il fut la montrer à Michel-Ange *Buonarotti*, qui la mit en pieces, & lui dit qu'il devoit apprendre à ébaucher avant que de finir un ouvrage. Cette réprimande l'enflamma tellement du desir de surpasser ou du moins d'égaler ce critique sévere, qu'il ne cessa de travailler jour & nuit, jusqu'à ce qu'il se fût perfectionné dans son art. En effet, ses ouvrages, qu'on voit tant à Rome qu'à Florence, où il avoit établi sa demeure, & entre autres la belle fontaine de Neptune à Bologne, peuvent se mettre en parallele avec les meilleurs ouvrages que nous ayons en sculpture. Il mourut à Florence vers l'an 1608, âgé de 84 ans.

qu'à préſent (1). Il naquit à Florence le 18 mai 1610, & eut pour parrein l'excellent ſculpteur Pierre-Jacques *Tacca* (2), un des meilleurs éleves de Jean de Bologne, & qui travailla toujours conſtamment avec ſon maître tant qu'il vécut.

Etienne avoit à peine atteint l'âge de deux ans & demi lorſqu'il perdit ſon pere : la veuve, chargée de trois enfans en bas âge, fut réduite à une extrême pauvreté. Dès que le jeune Etienne fut en état d'apprendre quelque choſe, on le mit chez un orfévre nommé Jean-Baptiſte *Foſſi*, homme d'un talent ſi médiocre, que peu de tems après on retira l'enfant de chez lui.

Gaſpard *Mola* (3), faiſeur d'empreintes, d'une

---

(1) *Baldinucci*, dans le livre intitulé : *notitie de i profeſſori del' diſegno, &c.* fait mention d'un troiſieme frere d'Etienne de la Belle, qui ſe nommoit Jean-Pierre de la Belle, & qui apprit la ſculpture ſous *Pietro-Jacomo Tacca*, part. *III*, ſect. *IV*, pag. 371. On a lieu d'être ſurpris qu'il n'en ait point parlé dans cette vie d'Etienne de la Belle, qu'il a écrite vers le même tems.

(2) *Pietro-Jacomo Tacca*, natif de Carrare, apprit la ſculpture à Florence dans l'école de Jean de Bologne, & fut celui de ſes éleves qui ſoutint le mieux l'honneur de la ſculpture après la mort de ſon maître. Ses principaux chef-d'œuvres ſont deux fort beaux chevaux de bronze, l'un pour la ſtatue de Philippe III en Eſpagne, l'autre pour celle de Henri IV ſur le pont-neuf à Paris ; la ſtatue de la reine Jeanne d'Autriche, la ſtatue coloſſale de Ferdinand II, à Livourne, avec ſes quatre eſclaves en bronze, &c. Il mourut à Florence en 1640.

(3) Gaſpard *Mola*, très-habile dans l'art de mouler des médailles & de tirer des empreintes des pierres gravées, travailloit à Florence pour le grand-duc, vers l'an 1620 ; il alla enſuite s'établir à Rome,

A ij

grande réputation (1), entretenu aux dépens de Cofme II (2), grand-duc de Tofcane, travailloit alors dans la galerie royale de Florence ; on fe flattoit que ce feroit pour le jeune la Belle un acheminement à la fortune, en le plaçant chez cet artifte ; mais on fe trompa. *Mola*, livré entiérement à fes travaux, ne prit aucun foin de l'enfant, & ne lui apprit rien de fa profeffion. La mere, mécontente du peu de progrès que faifoit fon fils, fut obligée de lui chercher un nouveau maître. On le mit en apprentiffage chez Horace *Vanni*, orfévre-bijoutier, lequel, outre la grande pratique qu'il avoit dans tout ce qui concerne l'art de l'orfévrerie, étoit grand connoiffeur en toutes fortes de bijoux, & favant dans la maniere de les monter. Deux de fes fils, Jacques & Nicolas *Vanni*, inftruits dans la profeffion de leur pere, l'aidoient beaucoup dans fes travaux, par leur affiduité & leur intelligence dans ces fortes d'ouvrages.

---

où il fut beaucoup employé par les papes Urbain VIII & Alexandre VII. Il mourut vers l'an 1660.

(1) L'auteur Italien fe fert du terme *improntatore*, qui vient du mot *impronta*, empreinte ; *improntare*, faire des empreintes. Il y a apparence qu'il s'agit ici d'empreintes de cachets, bagues & autres pierres gravées, antiques & modernes, &c. tirées en foufre, dont on fait un affez grand commerce en Italie.

(2) Cofme II, fils aîné de Ferdinand premier, grand-duc de Tofcane, naquit à Florence le 12 mai 1590, fut couronné grand-duc en 1609, & eft mort le 28 février 1621.

Etienne de la Belle, qu'on appelloit communément le petit Etienne (*Stefanino*), tant pour sa grande jeunesse (à peine avoit-il treize ans) que pour son honnêteté & la grande douceur de son caractere, n'eut pas demeuré huit jours dans cette excellente école, que les heureuses dispositions qu'il avoit pour le dessein commencerent à se développer. Pour premiere occupation, on lui fit copier des modeles de ces sortes de boîtes communes qui se vendent à la douzaine; Etienne s'en acquittoit avec tant d'adresse & de facilité, que chacun en étoit étonné. Mais les premiers essais de son génie ne se bornerent point à ce travail servile; quelques estampes de Jacques Callot (1), qui avoit séjourné assez long-tems à Florence, & qui s'y étoit acquis une grande réputation, lui étant tombées par hasard entre les mains, il s'amusoit à les copier : ce qu'il faisoit avec un goût & une exactitude à pouvoir s'y tromper. De plus, il n'y avoit point à Florence de fête publique, de divertissement, de joûte, tournois, carrousel, course de chevaux, &c. qu'il n'eût la curiosité d'aller voir; il en observoit avec attention jusqu'aux moindres détails; & de

___

(1) Jacques Callot, noble Lorrain, célèbre graveur, naquit à Nancy en 1593; il a appris à dessiner de *Canta Gallina* à Florence, & a travaillé long-tems sous Jules *Parigi*, peintre & ingénieur du grand-duc; il ne s'est retiré de cette ville qu'en 1611, à la mort de Cosme II, grand-duc de Toscane, son protecteur.

retour chez lui, il en faifoit des deffeins touchés avec tant d'efprit qu'ils excitoient l'admiration, non-feulement de fes camarades, mais aufsi de fes maîtres & de tous ceux qui fréquentoient cette maifon.

Une chofe affez finguliere, & que l'on aura peine à croire, c'eft qu'en deffinant les petites figures dont il ornoit fes compofitions, ce jeune artifte les commençoit toujours par les pieds, remontant enfuite jufqu'à la tête, fans avoir premiérement mis enfemble toute fa figure, fuivant l'ufage ordinaire. Quand il l'avoit ainfi tracée, elle fe trouvoit correcte étant achevée, & dans les proportions qu'elle doit avoir. Perfonne ne put deviner la caufe de cette bifarrerie, ni le détourner alors de cette façon de deffiner.

Les manieres douces & aimables du jeune la Belle, & fa grande application à l'étude, lui acquirent l'eftime & l'amitié du favant Michel-Ange *Buonarotti* le jeune (1) & de Jean-Baptifte

---

(1) On ignore de quel artifte notre auteur Italien veut parler; le célebre Michel-Ange *Buonarotti*, aufsi favant fculpteur qu'excellent peintre & architecte, né dans le territoire d'*Arezzo* en Tofcane l'an 1474, étoit mort à Rome en 1564, long-tems avant la naiffance de la Belle. Il y a apparence que ce Michel-Ange le jeune eft le même que celui dont il eft parlé à la page 107 du livre intitulé : *Biblioteca Italiana*, &c. *in-quarto*, *in Venezia*, 1728, à l'occafion d'un recueil de poéfies, fous le titre de *rime di Michel-Agnolo* Buonarotti, *raccolte da Michel-Agnolo, fuo nipote, in-quarto, in Firenze*, 1623. Et à la page 136 du même livre, au fujet d'une piece qui a pour titre, *la*

Vanni (1), peintre, fils ainé d'Horace *Vanni*, chez lequel la Belle travailloit. Ces deux artistes, touchés des heureuses dispositions qu'ils remarquoient dans ce jeune homme, représenterent à ses parens qu'en lui faisant employer le tems le plus précieux de sa vie à l'exercice d'une profession dans laquelle (quoiqu'il soit nécessaire d'être bon dessinateur pour s'y distinguer) le génie se trouvoit extrêmement resserré, c'étoit ensevelir les dons de la nature qui se manifestoient dans sa maniere de dessiner; au lieu que l'art de la peinture ayant pour objet l'imitation de tous les ouvrages de la nature, auroit offert un plus vaste champ au développement de son génie & de ses talens. En effet, peu de tems après, Etienne fut placé dans

---

Tancia, commedia rusticale, in Firenze, imprimée de format *in-quarto* en 1612, & *in-octavo* en 1615, chez *Cosimo Giunti* ; cette piece étant en effet de Michel-Ange *Buonarotti* le jeune.

(1) Jean-Baptiste *Vanni*, né à Pise en 1599, eut d'abord de l'inclination pour la musique ; ensuite il apprit le dessein & la peinture sous *Aurelio Lomi*, *Matteo Rosselli*, *Jacomo dell' Empoli*, & *Cristofano Allori*. Il étudia aussi sous Jules *Parigi*, & devint très-bon architecte. Il alla à Rome, où il fit le tableau de saint Laurent, qu'on voit dans la sacristie de saint Pierre. De-là il fut à Parme, où il dessina & grava la coupole du célebre *Correge* ; il fut ensuite à Venise, où il grava les noces de Cana, en deux grandes feuilles, d'après Paul *Veronese*. Etant venu se fixer à Florence, il y fit beaucoup d'ouvrages, ainsi qu'à Ferrare & à Ravenne. Il étoit d'un caractere gai & de bonne humeur, prompt à la répartie, d'une agréable conversation, & d'une très-bonne santé. Il mourut à Florence, âgé de 61 ans, l'an 1660.

l'école de Jean-Baptiste *Vanni*; & comme cet artiste étoit excellent dessinateur, il commença par donner à la Belle de bons principes, lui faisant de sa propre main tous les originaux dont il avoit besoin, dans l'ordre qu'on a coutume de suivre pour les élémens du dessein; car on remarquera que jusques-là ce jeune homme avoit toujours travaillé sans regles ni principes, conduit par la seule force de son inclination & de ses dispositions naturelles, & n'ayant été dirigé par aucun maître dans l'étude de cet art. Il avoit seulement profité des instructions & des bons avis que lui donnoit de tems en tems *Remigio Canta-Gallina* (1), peintre & ingénieur d'un mérite distingué, à qui notre jeune homme étoit dans l'habitude de faire voir ses compositions.

Avec de pareils secours & de si bonnes dispositions, Etienne ne pouvoit manquer de faire de grands progrès; cependant au bout de quelque tems il se retira de l'école de Jean-Baptiste *Vanni*, & entra dans celle de Cesar *Dandini* (2),

---

(1) *Remigio Canta-Gallina*, célebre ingénieur, peintre & graveur, fut le maître à dessiner de *Callot* & des *Carraches*; il a dessiné à la plume de très-beaux paysages, & il a gravé, tant de ses propres compositions que d'après Jules *Parigi*, une grande quantité de vues, paysages, fêtes & décorations théatrales, &c. Il mourut à Florence vers l'an 1624.

(2) *Cesare Dandini*, peintre de Florence, fut éleve du cavalier *Francesco Curradi*, de *Domenico Passignano*, & de *Cristofano Allori*.

peintre

peintre de beaucoup d'invention, qui ajuſtoit ſes figures avec un goût particulier, & dont le coloris étoit plus ſavant & plus harmonieux que celui de *Vanni*. Sous ce nouveau maître, Etienne s'appliqua ſérieuſement à la peinture; mais comme chez ſon orfévre il s'étoit preſque toujours occupé à étudier & à copier fidélement à la plume les plus beaux ouvrages de Callot, il avoit dèslors contracté un penchant invincible pour la gravure; il étoit d'ailleurs déja aſſez au fait de l'art de manier le burin, ceux qui s'adonnent à l'orfévrerie commençant toujours par apprendre à graver au burin un peu de lettre, & enſuite l'ornement, ſoit en creux, ſoit en relief. Il ſe détermina donc à quitter la peinture, pour ſe livrer entiérement à l'exercice de la gravure. Quoiqu'il eût déja des commencemens de burin, il préféra la pratique de l'eau forte; cette maniere étant plus conforme à ſon génie inventif, & plus propre à repréſenter en peu d'eſpace une grande quantité de petites figures dans le goût des ouvrages du célebre Jacques Callot, que notre jeune artiſte ſe propoſoit de prendre pour modele.

Il eut un coloris agréable, & deſſinoit correctement; on voit dans les égliſes de Volterre & de Florence ſa patrie, pluſieurs beaux tableaux d'autel, particuliérement dans l'égliſe de *la Santa Nunziata*. Il fut maître de la Belle, qui apprit de lui à peindre en 1625; il travailloit par conſéquent à Florence dans le commencement du dix-ſeptieme ſiecle.

Le premier ouvrage que la Belle fit en gravure, fut un saint Antonin, archevêque de Florence; il le représenta au milieu d'une gloire céleste, protégeant par ses prieres sa chere cité de Florence, que l'on apperçoit dans le lointain (1). En 1627, à l'âge de dix-sept ans, il grava le magnifique festin que donna à Florence, le premier août de cette même année, dans la salle du palais du grand-duc, une des deux compagnies de chasseurs, connues sous le nom des *Piacevoli* & des *Piatelli*; c'étoit le repas des *Piacevoli*. Il dédia cette estampe à Jean-Charles de Médicis (2). Quoique l'on y apperçoive des défauts dans le dessein, & la touche d'un artiste qui avoit perdu le tems de sa premiere jeunesse à l'exercice de divers talens, on y découvre cependant un assez beau génie pour inventer, & une grande fécondité d'idées. Il grava, l'année suivante, un combat naval, au bas duquel on lit : *presa delle due galere di Bizerta*, &c. du 3 octobre 1628. En 1632, il fit le portrait de François (3), prince de Toscane,

(1) Dans l'œuvre de la Belle, qui est au cabinet du Roi, on ne trouve point cette vue de Florence, dont parle l'auteur Italien, au bas de l'estampe, quoiqu'elle paroisse entiere & qu'on y voie la marque du cuivre, ce qui prouveroit qu'on n'en a rien retranché de ce côté.

(2) Le prince Jean-Charles de Médicis, second fils de Cosme II, & frere de Ferdinand II, grands-ducs de Toscane, naquit à Florence en 1612, fut créé cardinal de Toscane par Innocent X en 1644, & mourut le 22 janvier 1662.

(3) François, prince d'Etrurie, cinquieme fils de Cosme II, &

& il grava une suite de vingt emblêmes, & un frontispice pour la description d'une fête qui se fit à Florence à l'occasion de la canonisation du bienheureux André *de Corsini*. Vers ce même tems, la Belle dessina une vue de Pise, représentant la riviere d'*Arno* qui passe au milieu de la ville, avec ses deux ponts. Sur celui de devant se voit un combat plaisant qui se fait tous les ans dans cette ville, où les habitans de deux différens quartiers s'assemblent & se battent à coups de poing sur un de ces ponts, jusqu'à ce que l'un des deux partis s'en soit rendu le maître. Ce morceau, qui tient beaucoup de la maniere de Callot, a été gravé en 1634 par *Antonio-Francesco Lucini* (1).

Dans ses commencemens, la Belle a beaucoup imité Callot, dont il avoit pris le goût à force de copier de ses estampes; mais bientôt après, négligeant ce servile arrangement de tailles trop comptées, & se livrant à son génie naturel qui le faisoit incliner à une maniere plus moëlleuse & plus peinte, il s'en forma une qui

---

frere de Ferdinand II, grand-ducs de Toscane, est né le 16 octobre 1614, & mourut garçon le 25 juillet 1634, à l'âge de vingt ans.

(1) *Antonio-Francesco Lucini* : cet artiste n'est connu que par le morceau dont il est ici question, qu'il a gravé à Florence, d'après le dessein de la Belle, en 1634 ; il paroît avoir été éleve de Callot, cette estampe étant assez dans le goût de ce maître.

lui eſt particuliere, d'un meilleur goût, & d'un
ſi bel effet que pluſieurs perſonnes, & ſur-tout
les artiſtes, le mettent au-deſſus de Callot.

Le prince Laurent de Médicis (1) faiſoit fleurir les arts à Florence, par la protection qu'il accordoit aux talens & par ſes libéralités envers les artiſtes de mérite. Informé des grandes eſpérances que donnoit le jeune la Belle, & du beſoin où il étoit, ce généreux prince le prit ſous ſa protection, & l'envoya à Rome avec une penſion de ſix écus par mois & un logement dans le palais du grand-duc à Rome, ſans l'obliger à autre choſe qu'à ſuivre & continuer ſes études. La Belle partit pour Rome & y demeura pluſieurs années, s'occupant à deſſiner la plupart des antiquités & des monumens remarquables qui font l'ornement de cette capitale du monde. A peine y fut-il arrivé, qu'il eut occaſion de deſſiner & graver la magnifique cavalcade de l'ambaſſadeur de Pologne, lorſqu'il fit ſon entrée dans Rome l'an 1633, ſous le pontificat d'Urbain VIII. Cette eſtampe eſt en ſix feuilles aſſez longues, qui ſe collent l'une au bout de l'autre; il la dédia au prince Laurent de Médicis ſon protecteur. Il grava

---

(1) Le prince Laurent de Médicis, cinquieme fils de Ferdinand premier, & frere de Coſme II, grand-ducs de Toſcane, & oncle de Ferdinand II, qui régnoit alors à Florence, naquit à Florence le 15 août 1599, & mourut garçon le 16 novembre 1648.

aussi dans la même année l'image miraculeuse de Notre-Dame, appellée *dell' Imprunetta*, renfermée dans une espece d'armoire en forme de reliquaire. La Belle grava encore à Rome la vue du château Saint-Ange, quelques antiquités, un livre de huit moyennes marines, qu'il dédia au même Don Laurent de Médicis, & un frontispice *in-folio* pour la description d'une fête donnée à Rome le 25 février 1634.

Les préparatifs qui se firent à Florence en 1637 pour le mariage du grand-duc, rappellerent la Belle dans sa patrie; il y grava, à son arrivée, d'après les compositions d'Alphonse *Parigi* (1), le catafalque & les emblêmes mortuaires pour les obseques de l'empereur Ferdinand II (2), le 2 avril 1637, avec le portrait de ce prince, & différentes vues de l'église de saint

---

(1) Alphonse *Parigi*, Florentin, peintre & ingénieur du grand-duc, fils de Jules *Parigi*, apprit sous son pere les élémens du dessein & de l'architecture; il fut le compositeur & l'ordonnateur des fêtes, ballets à cheval, & décorations théatrales que l'on fit à Florence en 1637 pour les noces de Ferdinand II, grand-duc de Toscane. Il mourut dans la même ville l'an 1656.

(2) Ferdinand II empereur, fils de Charles archiduc de Grace en Stirie, & de Marie de Baviere, petit-fils de l'empereur Ferdinand premier, naquit le 9 juillet 1578, & succéda le 28 août 1619 à son cousin Matthias, après avoir été élu roi de Bohême à Prague le 29 juillet 1617, & roi de Hongrie à Presbourg le premier juillet 1618. Il fit déclarer son fils roi des Romains en 1636, & mourut à Vienne, d'une apoplexie, le 8 février 1637, âgé de 61 ans, après en avoir regné dix-huit.

Laurent, où fut érigée cette pompe funebre. Peu de tems après il deſſina & grava, d'après le même maître, les fêtes, ballets à cheval, comédies & les autres magnificences qui accompagnerent alors les noces de Ferdinand II (1), grand-duc de Toſcane, avec *Vittoria*, princeſſe d'Urbin. La même année, il grava le portrait à cheval de *Bernardino Ricci*, ſurnommé *il Tedeſchino*, célebre bouffon de la cour du grand-duc: dans le lointain eſt une vue de Florence. Il dédia ce portrait à la princeſſe d'Urbin, grande-ducheſſe de Toſcane.

La Belle, après avoir achevé les travaux qu'il avoit entrepris pour la cour de Florence, retourna à Rome, qu'il n'avoit quittée qu'à regret; il y grava une theſe ſoutenue par les Franciſcains de cette ville, le premier juin 1639, à l'occaſion de la canoniſation du bienheureux François *Solanus*, cordelier, apôtre de Lima & du Perou. Il y grava dans la même année le frontiſpice d'un livre intitulé, *la ſelva di cipreſſi*, &c. par Marguerite *Coſta* (2), dont il fit auſſi le

---

(1) Ferdinand II, fils aîné de Coſme II, naquit à Florence le 14 juillet 1610, fut proclamé grand-duc en 1621, ſe maria en 1637 avec *Vittoria delle Rovere*, princeſſe d'Urbin, & mourut le 24 mai 1670.

(2) Marguerite Coſta, Romaine, avoit du génie & beaucoup de talent pour la poéſie. Elle prépara pour Louis XIV une fête à cheval en forme de ballet ou de carrouſel, dont le ſujet étoit un défi entre

portrait pour mettre à la tête d'un de ses ouvrages, intitulé : *lettere amorose di Margherita Costa, Romana ; in Venetia*, 1639. *La selva di cipressi*, dédiée au prince Charles de Lorraine (1), duc de de Guise, ne fut publiée que l'année suivante.

Notre artiste ayant épuisé l'étude de tout ce que Rome pouvoit lui offrir d'intéressant & de capable de perfectionner ses talens, cette superbe ville cessa pour un tems de lui plaire ; d'ailleurs la grande renommée que s'étoit acquis le cardinal de Richelieu (2), qui gouvernoit la France

---

Mars & Apollon. La description de cette fête a été imprimée avec ses autres poésies ; elle la dédia au cardinal de Mazarin. Cette femme illustre est née au commencement du dix-septieme siecle.

(1) Charles IV, duc de Lorraine, fils de François comte de Vaudemont, naquit l'an 1604. Il épousa en 1621 sa cousine Nicole, & se remaria en 1637, du vivant de sa femme, qui mourut en 1657. En 1630 il entra dans le parti de la Reine Mere & de Monsieur, & il eut beaucoup de part aux troubles qui désolerent ensuite la France dans les guerres sous la minorité de Louis XIV. En 1661 il fit un traité par lequel il cédoit à la France tous ses états ; puis changeant de sentiment, il chercha à lui susciter de nouveaux ennemis. Enfin, dépossédé de ses états, & se trouvant réduit à la condition d'aventurier, il mourut, les armes à la main, près de Birkenfeld, l'an 1675, âgé de 71 ans & 6 mois.

(2) Armand-Jean du Plessis, cardinal, duc de Richelieu & de Fronsac, lieutenant général des armées du Roi, &c. naquit à Paris le 5 septembre 1585. A l'âge de 22 ans il fut sacré à Rome évêque de Luçon par le cardinal de Givri, le 17 avril 1607, sous le pontificat de Paul V. Etant de retour en France, il s'avança à la cour, & obtint la charge de grand-aumônier de la Reine Mere ; ensuite il fut fait premier secretaire d'état. A la mort du maréchal d'Ancre il se retira à Avignon ; mais le Roi le rappella à la cour, où il négocia

dans les dernieres années du regne de Louis XIII (1), & la protection singuliere que ce grand ministre accordoit aux arts & aux talens, étoient déja parvenus jusqu'à lui ; aiguillonné d'un autre côté par les applaudissemens universels dont la mémoire de Jacques Callot (2) retentissoit de toutes parts, & entraîné par la curiosité qui le portoit à voir la France, il se détermina à quitter l'Italie. Il profita, pour cet effet, de l'heureuse circonstance d'un gentilhomme nommé le baron *Alexander del Nero*, que le grand-duc envoyoit à la cour de France en qualité de résident. Ce

---

l'accommodement de la Reine Mere avec son fils Louis XIII : ce qui lui valut le chapeau de cardinal qu'il reçut des mains de Grégoire XV le 16 septembre 1622. En 1624 il fut déclaré premier ministre d'état, puis créé lieutenant général des armées du Roi. Après avoir porté la gloire de la France & la puissance du Roi à son plus haut degré d'élévation, par son administration, il mourut à Paris en son palais le 4 décembre 1642, âgé de 57 ans.

(1) Louis XIII, dit le Juste, naquit à Fontainebleau le 27 septembre 1601, succéda le 14 mai 1610 à Henri IV son pere, fut sacré à Reims le 17 octobre de la même année, & fut déclaré majeur l'an 1614. Le 18 octobre 1615 il épousa Anne d'Autriche, infante d'Espagne ; & après avoir regné trente-deux ans dans des troubles & des guerres continuelles, il mourut à Saint-Germain-en-Laye le 14 mai 1643.

(2) Jacques Callot, après avoir quitté Florence en 1621, est retourné dans sa patrie où il s'est marié ; il est venu ensuite à Paris, où il a fait divers grands ouvrages pour la cour, tels que le siege de la Rochelle & celui de l'isle de Rhé, &c. Après avoir séjourné trois ans à Paris, il retourna vers l'an 1630 à Nancy, où il est mort le 24 mars 1635, âgé de 42 ans.

seigneur

seigneur ayant admis le jeune la Belle au nombre des personnes de sa suite, le défraya pendant tout le voyage, & lui fournit même, de la part du grand-duc, tout l'argent dont il eut besoin.

La Belle n'eut pas beaucoup de peine à se faire connoître en France, son mérite & la réputation de ses talens l'y avoient déja devancé. Il ne fut pas plutôt arrivé à Paris (1), qu'il y fut reçu avec le plus grand accueil. Le cardinal de Richelieu,

___

(1) Felibien, dans sa vie des peintres, & M. Gersaint, dans le catalogue de Lorangere, page 132, font venir la Belle à Paris en 1642; ils ajoutent que, quelque tems après, il fut employé par le cardinal de Richelieu pour aller dessiner le siege & la prise d'Arras par l'armée du Roi en 1640, qu'il grava à son retour; & qu'il passa douze années à Paris où il fit quantité d'ouvrages, &c. Mais comment arranger cette époque de l'arrivée de la Belle à Paris en 1642, avec le dessein du siege d'Arras qu'il fit sur les lieux en 1640, & la gravure de ce même siege, qu'il fit l'année suivante à Paris, suivant ce que cet artiste a marqué lui-même au bas de la planche sur la droite: *Stef. della Bella inven. & fecit. Parisiis*, 1641 ? D'ailleurs, comment concilier ces douze années du séjour de la Belle à Paris, avec les sieges de *Portolongone* & de *Piombino*, qu'il a gravés, après son retour à Florence, en société avec son ami *Livio Meus*, vers la fin de 1650, puisqu'il est certain que la Belle étoit encore en Italie en 1639, & qu'il ne vint en France qu'au commencement de 1640, soit de lui-même, comme il y a grande apparence, soit à la sollicitation du cardinal de Richelieu ? En général, il faut convenir que M. Gersaint, & les autres faiseurs de catalogues, s'en sont trop facilement rapportés au témoignage de Florent Lecomte, sur lequel on ne peut faire aucun fond, puisqu'on le trouve continuellement en contradiction avec lui-même, & que cet auteur est aussi peu exact dans les dates, qu'il est fautif dans les descriptions des ouvrages dont il rend compte.

occupé alors à faire le fiege d'Arras, qu'il commandoit en perfonne, fit venir cet artifte auprès de lui, & le chargea de deffiner toutes les circonftances de ce fiege, & les environs de la place. La Belle s'en acquitta avec un tel fuccès que ce morceau, qu'il grava l'année fuivante, étant de retour à Paris, lui attira les plus grands éloges. Il fut pareillement chargé de la part de ce miniftre de deffiner & de graver les autres événemens du regne de Louis XIII, tels que le fiege de la Rochelle, prife par l'armée du Roi le 30 octobre 1628, avec une vue de fon eftacade ou digue; celui de Saint-Omer en 1638, &c. En 1641, la Belle deffina & grava le frontifpice d'un théatre, & les cinq eftampes pour les cinq actes d'une piece intitulée *Mirame*, tragi-comédie, par M. Defmarets, repréfentée à Paris fur le théatre conftruit à cet effet dans la grande falle du palais cardinal, actuellement le palais royal. Notre artifte dédia cette fuite au cardinal de Richelieu fon protecteur. Il deffina & grava enfuite le fiege de Perpignan, pris par Louis XIII le 9 août 1642, avec la vue ou profil de fa citadelle. En 1643, la Belle grava au bas d'un portrait de ce monarque repréfenté à cheval, par Pierre Daret (1), la vue du fiege d'une ville, dans

---

(1) Pierre Daret, célebre graveur au burin, naquit à Paris vers le commencement du dix-feptieme fiecle. Il alla en Italie pour fe

le lointain, dont les figures sont extrêmement petites.

Déja le cardinal de Richelieu n'étoit plus ; Louis XIII, mort le 14 mai 1643, avoit suivi de près son premier ministre. La reine Marie-Anne d'Autriche, veuve de Louis XIII, & mere de Louis XIV (1), devenue régente du royaume pendant la minorité de son fils, donnoit à la cour diverses fêtes, comédies & ballets, pour l'amusement de ce jeune monarque. La Belle fut choisi pour dessiner & graver tous ces divertissemens qui se firent alors à Paris sur le théatre du petit Bourbon (aujourd'hui la comédie italienne) en présence de leurs majestés & de toute la cour; ce qui forme une suite de plus de trente planches. Vers le même tems cet artiste mit au jour une grande estampe en long, intitulée *le char de triomphe consacré à la mémoire de Louis XIV*. On

___

perfectionner dans le dessein & dans la gravure. Etant ensuite revenu dans sa patrie, il s'y établit & mourut dans un âge fort avancé. Il a beaucoup travaillé d'après les ouvrages du Guide, de Jacques Sarrazin, d'Eustache le Sueur, de Jacques Stella, Jacques Blanchard, Laurent de la Hyre, & d'après M. le Brun. Daret a aussi écrit la vie de Raphaël, qui fut imprimée à Paris en 1651, en un volume *in-12*.

(1) Louis, XIVe du nom, fils de Louis XIII, roi de France, est né à Saint-Germain-en-Laye le 5 septembre 1638, est parvenu à la couronne le 14 mai 1643, a épousé en 1659 Marie-Therese d'Autriche, infante d'Espagne, & est mort à Versailles le premier septembre 1715, âgé de soixante-dix-sept ans, après avoir régné soixante-douze ans & quatre mois & demi.

C ij

y voit ce jeune prince, encore enfant, assis dans un char, couronné par la Victoire; c'est une espece de traineau sans roues, qui a la forme d'un vaisseau, environné de petits Amours & de Dauphins; un Amour portant les attributs du dieu Mars, est à cheval sur le seul coursier qui est attelé à ce char triomphal.

La Belle ne fut pas tellement occupé de ces fêtes & de ces amusemens de la cour, qu'il ne trouvât encore le loisir de faire dans le même tems les desseins des principales conquêtes de la France sous la minorité de Louis XIV, telles que la fameuse bataille de Rocroy, gagnée par le duc d'Enghien, commandant les armées du Roi, en juin 1643, en quatre grandes planches entourées d'une large bordure richement historiée, avec le portrait du duc d'Enghien au haut de l'estampe, qui a été gravée par Collignon (1). Il dessina aussi la glorieuse campagne de M. le duc d'Enghien, avec la prise de Philisbourg &

___

(1) François Collignon, graveur, naquit à Nancy au commencement du dix-septieme siecle; il apprit de Jacques Callot, & a beaucoup travaillé dans sa maniere & d'après ses desseins; il a pareillement beaucoup inventé. Etant venu à Paris, il y demeura plusieurs années, & il y a gravé vers l'an 1643 la bataille de Rocroy, en quatre grandes feuilles, & plusieurs autres pieces, sur les desseins d'Etienne de la Belle. Il fut ensuite à Rome, où il s'établit graveur & marchand d'estampes, & où il est mort. Il a gravé entre autres à Rome un livre de principes du dessein en dix-neuf pieces au simple trait, d'après *il Valesio*, peintre de l'école des *Carraches*.

celle de vingt autres places en Allemagne dans l'année 1644, au bas de laquelle on voit les combats donnés devant Fribourg en août 1644, le tout en quatre feuilles qui se collent ensemble; l'ordre de bataille de l'armée de France & de celle des Impériaux devant Nordlingen, & la bataille qui s'y donna le 3 août 1645, en quatre planches pareilles aux précédentes; & la bataille de Lens en Flandre, du 20 août 1648, de même grandeur. Ces trois derniers morceaux, qui sont considérables, tant pour l'étendue du pays qu'ils embrassent, que pour la quantité de petites figures dont ils sont enrichis, ont été gravés par l'ancien Noël Cochin (1), d'après les desseins

(1) Florent le Comte, & plusieurs autres auteurs d'après celui-ci, ne parlent que d'un seul artiste de ce nom, savoir, Nicolas Cochin, originaire de Troyes en Champagne. Cet auteur lui donne le titre de peintre, dessinateur & graveur à l'eau forte, ajoutant « qu'il » a fait d'invention, & aussi d'après les desseins de François Chau- » veau, Albert Durer, Reimbrandt, Jacques Callot, Henry Pesne, » &c.». *Cabinet des singularités*, &c tom. III, *seconde partie*, page 97. Il dit encore, même volume, page 159 : « Nicolas Cochin nous » a donné entre autres cent morceaux de même grandeur ou envi- » ron sur la vie de Jesus-Christ, les paraboles, la passion en treize » pieces, une autre passion en seize, le martyre des apôtres aussi en » seize pieces quarrées, quantité de saints, différens martyrs, dix » pieces sur l'histoire de Judith, quantité de petits mysteres copiés » d'après Callot, plus de vingt-deux différens petits paysages & » petites courses, dont plusieurs sont de lui, d'autres d'après Jac- » ques Fouquer, &c ». Et plus loin, page 172 : « Nicolas Cochin » a beaucoup gravé d'après Callot & la Belle, mais aussi il a beau- » coup inventé ». Cependant, si l'on fait réflexion que parmi le grand

& la composition de la Belle; ce même Cochin a aussi gravé, d'après la Belle, plusieurs plans & profils des places conquises par la France sous la minorité de Louis XIV, faisant partie de la col-

nombre d'estampes qui portent le nom de *N. Cochin*, il y en a qui datent de 1630, telles que le profil de Pignerol en Piémont, du 23 avril 1730, au bas duquel on lit, *N. Cochin sculpf.* d'autres de 1650 jusqu'en 1680, & au-delà, comme on le voit sur plusieurs vues de maisons royales & autres, gravées par N. Cochin, d'après *Vandermeulen* : on conviendra qu'il n'est guere possible que le même graveur ait travaillé avec le même succès pendant plus de cinquante ans. Enfin le nom de *Noël Cochin*, que l'on voit écrit tout au long & gravé à l'eau forte par l'auteur même au bas du plan du siege de Balaguier, pris par l'armée du Roi (Louis XIV) le 20 octobre 1645, ainsi qu'au bas du frontispice pour l'édition *in-12* de l'histoire de l'empire Ottoman, imprimé à Paris en 1670, ne laisse aucun doute sur ce point; & il est certain qu'il y a eu plusieurs artistes de ce nom sous les regnes de Louis XIII & de Louis XIV : l'un nommé Noël Cochin, qui a gravé une grande partie des plans & profils des sieges qui entrent dans la collection du grand Beaulieu; l'autre appellé Nicolas Cochin, qui a travaillé d'après *Vandermeulen* & d'autres peintres, & qui a aussi fait beaucoup de choses de son invention. Il y a encore une suite de six petites chasses en travers, faites par un Cochin, qui ne marquoit son nom que par les trois lettres initiales N. C. F. Au bas on lit, Herman Weyen *excudit, cum privilegio Regis*. Et un livre de batailles, petites pieces en travers, dans le goût du Bourguignon, au bas desquelles on lit, *Cochin fecit. Van-Merlen excud. cum privilegio.* Charles-Nicolas Cochin, célebre dessinateur & graveur, actuellement vivant, ainsi que Charles-Nicolas Cochin son pere, de l'académie royale de peinture, mort il y a environ quinze ans, qui a gravé toutes les peintures & les sculptures de l'église des Invalides, d'après ses propres desseins, tirent leur origine de ces anciens Cochins; les talens & la célébrité sont comme héréditaires dans cette famille d'illustres artistes depuis près de deux cens ans.

lection d'estampes du cabinet du Roi, connue sous le titre du *grand Beaulieu* (1).

Lorsque l'ambassadeur de Pologne vint à Paris en 1645 pour le mariage de Ladislas Sigismond VI, roi de Pologne, avec la princesse Louise-Marie de Gonzales de Cleves, la Belle dessina

---

(1) Sébastien de Pontault de Beaulieu, ingénieur & maréchal de camp des armées du Roi, né vers l'an 1612, eut dès sa plus grande jeunesse une si forte inclination pour les armes, qu'il entra au service du Roi à l'âge de quinze ans, & qu'il commença à se signaler au fameux siege de la Rochelle en 1628, ce qui lui valut une charge de commissaire d'artillerie, malgré le bas âge où il étoit. Il continua les fonctions de cette charge au siege de Privas, à celui de Pignerol en 1630, & à la bataille de Veillane, où il fut blessé d'une mousquetade à l'épaule. Il fut fait ensuite contrôleur général d'artillerie de l'armée; il servit en cette qualité au siege de Hesdin en 1639, & à celui d'Arras en 1640, où il reçut un coup d'épée au travers du corps. Le Roi lui donna alors la charge de contrôleur provincial d'artillerie dans le pays d'Artois. A peine étoit-il guéri de sa blessure qu'il se distingua à la défense d'Aire & au siege de Perpignan en 1642, & servit ensuite auprès de M. le prince de Condé à la bataille de Rocroy, au siege de Thionville & à celui de Philisbourg, où il eut le bras droit emporté d'un coup de canon, en conduisant la tranchée dans l'attaque de cette place; ce qui ne l'empêcha point de servir l'année suivante à la journée de Nordlingen, & en 1645 aux sieges de Courtray, de Bergues, de Furnes, de Mardick & de Dunkerque, dont il conduisoit seul les travaux de la tranchée. Ses fréquentes blessures & ses travaux continuels l'ayant mis hors d'état de servir, il imagina de faire dessiner & graver tous les sieges des villes, tous les combats, toutes les batailles & toutes les expéditions militaires sous le regne de Louis XIV, dont il forma un précieux recueil qui fait partie des estampes du cabinet du Roi, sous le titre du *grand Beaulieu*. Il mourut le 10 août 1674, décoré de l'ordre de saint Michel, avec la qualité de maréchal général des armées du Roi.

la magnifique cavalcade des Polonois. Comme cet ouvrage étoit trop grand, il n'entreprit point de graver cette entrée, comme il avoit fait douze ans auparavant celle d'un ambaſſadeur de Pologne à Rome, ſous le pontificat d'Urbain VIII, en 1633.

La Belle demeura environ dix ans en France, toujours occupé, ſoit à deſſiner, ſoit à graver ſes propres productions. Pendant ſon ſéjour à Paris, il y fit connoiſſance avec Iſraël Silveſtre (1), qui étoit nouvellement arrivé de Rome, & avec

---

(1) Iſraël Silveſtre, célèbre deſſinateur & graveur, naquit à Nancy l'an 1621. Il apprit à deſſiner de ſon pere Gilles Silveſtre, aſſez bon peintre, établi à Nancy. Etant venu à Paris, il continua ſes études ſous Iſraël Henriet ſon oncle. Il fit enſuite un voyage en Italie pour ſe perfectionner dans le deſſein, & revint à Paris vers l'an 1640, où il fit connoiſſance & ſe lia d'amitié avec Etienne de la Belle, qui y étoit nouvellement arrivé. Il parvint à mettre tant de goût & d'intelligence dans les diverſes vues & payſages qu'il entreprenoit, que Louis XIV le chargea de deſſiner & graver preſque toutes les maiſons royales & les places conquiſes ſous ſon regne. Il fut enſuite honoré du titre de maître à deſſiner du Dauphin, avec une penſion conſidérable & un logement au Louvre. Indépendamment de ſes occupations en France, il a fait deux autres voyages en Italie, d'où il a rapporté une grande quantité de deſſeins de vues, qu'il a gravés à ſon retour. Son œuvre conſiſte en plus de ſept cens pieces, parmi leſquelles on compte une partie des planches du carrouſel de 1662, les vues de Paris, celles des maiſons royales, des places conquiſes par le Roi, des plus beaux châteaux de France, &c. la grande vue de Rome en quatre feuilles, celle du *Campo Vaccino*, celle du coliſée qui eſt très-rare, divers palais & jardins d'Italie, &c. Il mourut à Paris en 1691, étant alors membre de l'académie royale de peinture & ſculpture.

Iſraël

Israël Henriet (1), oncle de Silvestre, qui ne laissa échapper que le moins qu'il put des ouvrages de la Belle, & qui s'accommodoit avec lui de ses planches, à mesure qu'il gravoit quelque suite; car outre les desseins des conquêtes du Roi, qui employerent une bonne partie de son tems, & les gravures des divertissemens qui se donnoient alors fréquemment à la cour, la Belle fit encore une quantité surprenante d'ouvages de toute espece, tant pour Israël Henriet, & François Langlois, dit *Ciartres*, avec lequel il vivoit familiérement, que pour plusieurs autres marchands. Nous citerons entre autres une suite de huit petites estampes longuettes, qui ont pour titre :

---

(1) Israel Henriet, né vers l'an 1590, étoit fils de Claude Henriet, peintre sur verre, originaire de Châlons en Champagne, né en 1551, qui fut s'établir à Nancy en 1596, à l'invitation de Charles II, duc de Lorraine, où il resta jusqu'à sa mort. Israël Henriet ayant appris de son pere les élémens du dessein, avec Callot, Bellange, & Dervet, alla ensuite à Rome avec ce dernier, & etudia sous Antoine Tempeste. Quelque tems après il vint à Paris, & travailla avec un peintre nommé Duchesne, qui avoit un logement au palais du Luxembourg. Il imita beaucoup la maniere de Jacques Callot, avec qui il avoit étudié; & dans le séjour que ce célebre artiste fit à Paris, vers l'an 1622, ils logerent ensemble au petit Bourbon; alors il fut convenu entre eux que tout ce que Callot graveroit seroit pour Henriet : ce qui eut son exécution. Israël Henriet fit aussi le même arrangement avec Etienne de la Belle, qui vint passer dix années à Paris, ayant fait connoissance avec lui à son arrivée en cette ville, en 1640. Henriet mourut à Paris en 1661, laissant son neveu, Israël Silvestre, héritier de toutes les planches qu'il avoit, tant de Callot que de la Belle.

diverse figure e paesi, *fatti per St. della Bella*, à Paris, chez Israël, rue de l'Arbre-sec, 1641; & le frontispice d'une édition *in*-4°. des œuvres du sieur Desmarets, à Paris, chez Henri Legras, au palais, 1641. Il fit ensuite un petit livre de treize pieces, sous le titre d'*agréable diversité de figures faites par* Stef. della Bella, *dédié à M. Artus Gouffier*, *marquis de Boiffy*, &c. à Paris, chez Israël Henriet, 1642. On remarque dans cette suite une petite vue de la place Dauphine, & une autre de la place Royale, à Paris, qui sont deux chef-d'œuvres pour la gentillesse des figures & la légéreté de la pointe. On en peut dire autant de douze petites feuilles intitulées: *desseins de quelques conduites de troupes*, *canons & attaques*, &c. qui sont sans contredit ce que la Belle a fait de mieux en ce genre, & une des plus jolies suites de tout son œuvre. En 1645, il grava une seconde fois les huit moyennes marines qu'il avoit déja gravé à Rome en 1634, avec la même dédicace au prince Laurent de Medicis. Ces copies sont bien mieux gravées que les planches originales, la Belle ayant beaucoup acquis dans l'intervalle de ces deux ouvrages. Quelques années après il mit au jour un recueil de douze grands cartels & six moyens, sur le premier desquels on lit: *raccolta di varii cappricci*, &c. Il y prend le titre de peintre & graveur Florentin. Ces dix-huit cartels, deſſinés & gravés par lui-même à Paris en 1646, ſont à l'adreſſe de François Langlois, dit *Ciartres*. Vers le même tems il deſſina & grava la magnifique vue perſpective du Pont-Neuf à Paris, pour laquelle il obtint un privilege du Roi, qui lui ſervit auſſi pour les autres ouvrages qu'il fit, même après ſon retour en Italie; c'eſt le morceau le plus intéreſſant de tout ſon œuvre, tant pour l'étendue & la variété de tous les objets que cette vue raſſemble, que pour l'abondance du génie & la multitude de figures dont il a ſu orner ſon deſſein.

C'eſt ici le lieu de faire mention d'un ouvrage aſſez conſidérable de la Belle pendant ſon ſéjour en France. Ce ſont divers jeux de cartes, auſſi amuſans qu'inſtructifs, dont M. Deſmarets (1) imagina les ſujets par ordre de la cour, pour ſervir à l'éducation de Louis XIV. La Belle en fit les deſſeins & les gravures, qui ſe vendirent alors chez Henri Legras, libraire, au palais. Ces

---

(1) Jean Deſmarets de Saint-Sorlin, de l'académie françoiſe, naquit à Paris en 1596. Il fut engagé par le cardinal de Richelieu à compoſer quelques pieces de théatre pour l'amuſement de la cour, entre autres, *Aſpaſie*, les *Viſionnaires*, *Roxane*, *Scipion*, *Europe*, *Mirame*, tragi-comédie, &c. Il fit auſſi le poëme de *Clovis*, en vingt chants, & divers autres ouvrages tant en vers qu'en proſe; & il imagina les jeux de cartes allégoriques ſur la fable, l'hiſtoire, la géographie, &c, pour l'inſtruction de Louis XIV, pendant ſa minorité. Il mourut en 1676 chez le duc de Richelieu, qui l'avoit fait intendant de ſa maiſon.

jeux de cartes font, 1°. le jeu des fables ou de la métamorphose, en cinquante-deux petites estampes, de la grandeur d'une carte à jouer, qui représentent les dieux, demi-dieux, déesses, & héros de l'antiquité, avec un précis historique au bas de chaque carte, qui expose toute la mythologie des anciens. 2°. Le jeu de la géographie, dont le titre est une mappemonde; les quatre parties du monde forment la division des quatre couleurs : ensuite les empires, les royaumes, les états, les républiques, les provinces, &c. remplissent le reste du jeu; chaque carte est accompagnée d'une description abrégée : le tout en cinquante-deux cartes. 3°. Le jeu des reines renommées, où l'on fait passer en revue les reines, héroïnes, & autres femmes illustres, depuis l'antiquité la plus reculée jusqu'à présent : les unes dans des chars, les autres à cheval, d'autres à pied : avec un exposé de leur caractere, & un récit abrégé des traits les plus frappans de leur histoire, aussi en cinquante-deux cartes. 4°. Enfin le jeu des Rois de France, composé dans le même goût que celui des Reines, & qui indique en abrégé les différens caracteres de nos Rois, depuis Pharamond jusqu'à Louis XIV : le tout en quarante planches, y compris le titre. Tous ces jeux forment une suite de près de deux cens planches extrêmement intéressantes & du meilleur tems de la Belle.

François Langlois, dit *Ciartres*, ami de notre artiste, mourut vers la fin de 1646. La Belle fut d'autant plus sensible à sa perte, qu'ayant toujours conservé un éloignement insurmontable pour la cour & pour les grands, il se plaisoit beaucoup dans la société de ce marchand, avec qui il vivoit familierement & passoit une partie de ses momens de loisir. Quelque tems après (en 1647) il grava un recueil de douze petits cartels en hauteur, intitulé : *nouvelles inventions de cartouches*, qu'il donna à vendre à la veuve de son ami. La Belle fit vers le même tems plusieurs desseins & gravures pour un livre composé par ordre de la cour, sous le titre des *triomphes de Louis le Juste, XIII*^{e} *du nom, in-folio*, de l'imprimerie royale, 1649; on en trouvera ci-après le détail dans le catalogue de l'œuvre de cet artiste. Dans la même année il fit le dessein burlesque & la gravure d'un frontispice pour les *œuvres de Scarron* (1), *in-4°*. à Paris, chez Tous-

---

(1) Paul Scarron, fils de Paul Scarron, conseiller au parlement de Paris, naquit vers l'an 1610. Etant chanoine du Mans, il tomba tout-à-coup, à la suite d'une débauche, dans une espece de paralysie qui le rendit perclus de tous ses membres à l'âge de vingt-sept ans. La Reine Mere, aussi charmée de son esprit enjoué que touchée de ses infirmités, lui accorda une pension de 1500 livres; ce qui lui donna occasion de prendre la qualité de *malade de la Reine*. Il a fait l'*Enéide travestie* & la *Gigantomachie*, poëmes burlesques; & plusieurs comédies, telles que *Jodelet maître & valet; Don Japhet d'Arménie*, &c. mais son chef-d'œuvre est *le Roman*

faint Quinet, au palais, 1649. Ce poëte bouffon y eſt repréſenté aſſis dans un fauteuil & vu par le dos ; il eſt entouré d'un cercle de poiſſardes, au lieu des neuf muſes, qui éclatent de rire en le voyant, & qui danſent en rond autour de lui.

La ſupériorité des talens de la Belle, & la quantité étonnante de chef-d'œuvres qu'il avoit produit pendant ſon ſéjour en France, lui avoient acquis une ſi grande réputation & une eſtime ſi univerſelle, tant à la cour qu'à la ville, qu'il ſuffiſoit de prononcer ſon nom, ſoit dans les endroits publics, ſoit dans les converſations particulieres, pour donner matiere à toutes ſortes d'éloges : chacun étoit porté à rendre juſtice à ſes vertus & à ſes bonnes qualités, auſſi bien qu'à ſes talens. Pour preuve de cette eſtime ſinguliere que le peuple même partageoit, nous citerons le trait ſuivant, qu'il a ſouvent raconté à ſes amis depuis ſon retour en Italie. Dans les tems orageux de la minorité de Louis XIV, il y eut de ſi grands tumultes & des révoltes ſi fréquentes à Paris, ſuſcitées par les ennemis du

---

comique, & ſes *nouvelles Eſpagnoles*, traduites en François. Sur la fin de ſes jours il épouſa Françoiſe d'Aubigné, née à Niort le 27 novembre 1635, qui fut depuis marquiſe de Maintenon, & qui mourut le 15 avril 1719 à la communauté des dames de Saint-Cyr qu'elle avoit fondée. Ce poëte burleſque & comique mourut à Paris le 14 octobre 1660.

cardinal Mazarin (1) qui gouvernoit alors l'esprit de la Reine, que ce ministre fut obligé de s'éloigner de la cour & même de sortir du royaume, lui & ses créatures, avec tous les gens de sa nation. Au milieu d'une de ces émeutes populaires, la Belle se trouva un jour assailli dans les

---

(1) Jules Mazarin, cardinal & premier ministre d'état en France, naquit à *Piscina* dans l'Abruzze le 14 juillet 1602. Ayant fait ses études en Italie, il trouva le moyen d'entrer dans la maison de Jérôme Colonne, qui fut depuis cardinal, & qui l'emmena avec lui à Alcala en Espagne, où il apprit le droit; il prit le bonnet de docteur, à son retour, en Italie. Il se poussa ensuite à la cour de Rome, & chercha à se mettre au fait de la politique & des intérêts particuliers de toutes les puissances de l'Europe. En octobre 1630, il fut médiateur entre les Espagnols qui assiégeoient Cazal, & les François prêts à forcer leurs lignes pour faire lever le siege; il réussit si bien dans cette négociation, que la paix fut conclue le 16 avril suivant entre ces deux puissances. Le pape Urbain VIII l'envoya en qualité de vice-légat à Avignon, & ensuite en France avec le titre de nonce extraordinaire, en 1634. Il sut si bien gagner la bienveillance du Roi Louis XIII, & l'amitié du cardinal de Richelieu, qu'il fut créé cardinal par le même pape en 1641. Après la mort de Richelieu, le Roi le fit conseiller d'état, & le nomma l'un des exécuteurs de son testament. Louis XIII étant mort, le cardinal de Mazarin, devenu ministre d'état, continua de prendre soin des affaires du royaume sous la minorité de Louis XIV. Pendant les guerres civiles de 1649 à 1652, il fut obligé de s'éloigner de Paris, & même de sortir du royaume, pour se soustraire à la fureur du peuple & à la malignité de ses ennemis qui avoient juré sa perte. Cependant quelque tems après, ayant été rappellé à la cour, il y devint plus puissant que jamais, pacifia tous les troubles, & négocia le mariage de Louis XIV avec l'infante d'Espagne, en 1659. Etant tombé malade au Louvre, il se fit porter au château de Vincennes, où il mourut le 9 mars 1661, âgé de cinquante-neuf ans.

rues de Paris par une troupe de gens furieux qui l'environnerent pour l'affaſſiner, par ce ſeul motif qu'il étoit auſſi de la même nation. La Belle effrayé courut ſe réfugier vers un endroit où il apperçut pluſieurs dames de ſa connoiſſance. Une d'entre elles, alarmée du danger qui le menaçoit, s'écria auſſi-tôt à haute voix : *que faites-vous, mes amis ? cet homme n'eſt pas Italien, c'eſt un Florentin.* Alors les agreſſeurs, retenus par les cris de cette femme, ſans trop faire attention aux paroles qu'elle venoit de proférer, s'arrêterent aſſez long-tems pour que notre artiſte, remis de ſon effroi, eût le tems de leur dire à ſon tour : *Meſſieurs, je ſuis Etienne de la Belle.* Il n'en fallut pas davantage non-ſeulement pour arrêter l'impétuoſité de ces malheureux prêts à l'aſſaſſiner, mais même pour leur en impoſer au point qu'ils ſe retirerent avec reſpect & le laiſſerent aller en liberté.

Il ſeroit difficile en effet d'exprimer le haut degré d'eſtime que la Belle s'étoit attiré à Paris, même de la part des plus grands ſeigneurs de la cour, & particuliérement l'amitié que le cardinal Mazarin avoit conçue pour lui ; auſſi lui rendoit-on par-tout les mêmes honneurs qu'à une perſonne de grande condition. Combien de fois ne fut-il pas vivement ſollicité de s'attacher entiérement au ſervice du Roi, juſqu'à lui offrir la place

place de maître à deſſiner de ſa majeſté. Mais accoutumé à une vie laborieuſe & ſédentaire, il avoit trop d'averſion pour les grands pour accepter un pareil emploi ; d'ailleurs, il voyoit avec tant de déplaiſir les troubles continuels & les guerres civiles qui déſoloient alors la France, & au milieu deſquelles il ſe trouvoit expoſé au plus grand danger, que non-ſeulement il refuſa conſtamment les propoſitions flatteuſes qu'on lui faiſoit pour le retenir à la cour, mais qu'il prit même la réſolution de quitter Paris pour s'en retourner dans ſa patrie. Il conſervoit toujours au fond de ſon cœur & confioit ſouvent à ſes amis le deſir preſſant qu'il avoit d'aller finir ſes jours dans ſa chere ville de Rome, au milieu des antiquités qu'il avoit tant aimées, parmi les ruines & les débris de ces fameux monumens qui avoient fait ſes délices pendant ſon ſéjour dans cette ſuperbe ville, & qu'il avoit deſſinés dans ſa jeuneſſe avec tant de ſatisfaction. Mais c'eſt en vain qu'il ſe repaiſſoit de cette douce idée ; car à ſon retour en Italie, où l'attendoient les faveurs de ſes ſouverains & les applaudiſſemens de ſes concitoyens, il ſe vit obligé de ſacrifier ſon amour pour la vie tranquille & retirée, aux emplois dont ſon prince l'honora.

Avant que de rentrer pour toujours dans le ſein de ſa patrie, la Belle s'étoit déterminé, pendant son séjour en France, à faire un voyage en Flandre & dans la Hollande, dans l'intention de connoître plus particuliérement ceux qui s'y distinguoient dans les arts. C'est là qu'il eut occasion de voir le célebre *Reimbrandt* (1), qui

---

(1) *Rembrandt Van-Ryn*, peintre & graveur, fils d'un meûnier, naquit l'an 1606 dans un village proche de Leyde sur le Rhin. Il étudia d'abord le latin à Leyde ; mais voyant qu'il y réussissoit très-peu, on le mit chez Jacques *Van-Zvvanenburg*, peintre, où il passa trois ans, & y fit des progrès étonnans. Il entra ensuite chez Pierre *Lastman*, peintre à Amsterdam, & chez Jacques Pinas. Après toutes ces études, il se retira dans le moulin de son pere, & ne chercha plus d'autre maître que la nature. Ayant vendu son premier tableau cent florins à la Haye, il pensa en devenir fou de contentement. L'appas du gain le fit redoubler ses travaux, & il fut s'établir à Amsterdam ; il y épousa une jolie paysanne de Ransdorp, dont il a souvent fait le portrait. La soif insatiable de l'or augmentant en lui à mesure qu'il gagnoit davantage, il imagina toutes sortes de ruses pour tirer parti de ses gravures & de ses estampes : chacun connoît celle où il a représenté Notre-Seigneur guérissant les malades ; on lui donne le nom de *la piece de cent florins*, c'est le prix qu'il y avoit mis, encore falloit-il lui faire la cour pour en obtenir. Il ne vivoit qu'avec le bas peuple & avec des gens bien au-dessous de lui ; le bourgmestre Six a essayé plusieurs fois vainement de le tirer de sa mauvaise compagnie, & de l'initier parmi les honnêtes gens ; mais il y perdit sa peine, & *Reimbrandt* ne changea point de conduite ; il n'aimoit que sa liberté, la peinture, & l'argent. Il vécut ainsi à Amsterdam, d'où il n'est point sorti, quoique divers auteurs l'aient fait voyager en Italie, comme M. de Piles le rappporte, & que d'autres, tels que *Baldinucci*, l'aient fait finir ses jours misérablement en Suede, après avoir perdu tous ses biens : ce qui n'empêche pas qu'il ne soit mort fort riche à Amsterdam en 1674, âgé de soixante-huit ans, laissant un fils unique héritier de ses grands biens, ainsi que de sa bassesse & de son avarice sordide.

jouiſſoit alors à Amſterdam d'une grande réputation par la ſingularité de ſes compoſitions, & dont les ouvrages ſe vendoient au poids de l'or. Sa maniere de graver plut tellement à la Belle, qu'il crut devoir la ſuivre, ainſi qu'il eſt facile de s'en appercevoir par quelques ouvrages qu'il grava à ſon retour à Paris, tels que les douze têtes coëffées à la Perſienne, au frontiſpice deſquelles il ſe deſſina lui-même, & la plupart des têtes qui ſe voient dans ſon grand livre à deſſiner, intitulé : *principii del diſegno*, en vingt-ſix feuilles, leſquelles ſont aſſez dans le goût de *Reimbrandt*, tant pour la maniere de coëffer & ajuſter ſes figures, que pour l'effet du clair-obſcur qu'il cherchoit à imiter dans ce maître Hollandois. Cependant la Belle ne tarda pas à s'en dégoûter, ſoit par la difficulté du travail qui s'accordoit peu avec ſon génie, ſoit qu'il ſe fût apperçu qu'il réuſſiſſoit moins dans cette maniere particuliere de graver, qu'en ſuivant la ſienne propre. C'eſt à ce voyage de notre artiſte en Hollande, que nous ſommes redevables de différentes marines & vues de ports de mer, qu'il donna à ſon retour en 1647, telles que les huit petites vues d'Amſterdam, du port de Calais, &c.

La Belle arriva enfin à Florence l'an 1650, comblé de l'eſtime de l'Europe entiere, emportant avec lui les regrets de tous les pays où il s'étoit fait connoître. Malgré ſes grands projets de retraite, il ne put ſe refuſer aux vives inſtances du prince Matthias (1), qui vint à bout de le fixer auprès de lui par ſes bonnes manieres & par une penſion conſidérable qu'il lui accorda. La Belle ſe vit donc dans la néceſſité de ſacrifier ſa répugnance pour la cour, au reſpect qu'il devoit au frere de ſon ſouverain, & au deſir qu'il avoit de ſe rendre digne des bontés d'un prince ſi magnanime. A ſon arrivée à Florence, notre artiſte avoit fait l'acquiſition d'une maiſon fort commode, ſituée dans la grande rue & dans l'expoſition la plus agréable; c'eſt là que, ſans ceſſe occupé des travaux de ſon art, il trouvoit encore le tems de traiter ſes amis avec cette générofité qui lui étoit naturelle, & de recevoir les viſites des *virtuoſe* de ſon tems qui ſe trouvoient alors à Florence. Parmi ces derniers, il y avoit un officier d'un rare mérite, qui ſe nommoit Denis *Guerrini;* il deſſinoit paſſablement, & étoit fort au fait de l'architecture, tant civile que militaire. Ce brave officier étoit nouvellement arrivé d'Eſpagne, où il avoit laiſſé un nom célebre, y ayant ſervi avec diſtinction en qualité d'aide de quartier-meſtre général. *Guerrini*, qui s'étoit lié

---

(1) Le prince Matthias de Medicis, quatrieme fils de Coſme II & frere de Ferdinand II, grand-ducs de Toſcane, naquit le 9 mai 1613, & eſt mort garçon le 11 octobre 1667.

avec la Belle par la conformité des goûts & du caractere, fréquentoit souvent son cabinet, s'occupant avec lui du dessein qu'il aimoit beaucoup, & dans lequel il réussissoit assez passablement pour un homme de son état.

Il y avoit alors à la cour du grand-duc un jeune artiste fort aimé du prince, & qui est devenu ensuite un des plus grands peintres de son siecle. Il s'appelloit *Livio Meus* (1), natif d'Oudenarde en Flandre. Sans avoir appris à manier le pinceau, il dessinoit si spirituellement à la plume, de petites compositions dans le goût de Callot & de la Belle, que quelques-uns de ses ouvrages étant tombés entre les mains de ce dernier, comme il étoit encore en France, sans qu'il ait pu découvrir par qui ils étoient dessinés, il ne douta point qu'ils ne fussent de la main de quelque grand maître. Depuis son retour à Florence, ayant reconnu *Livio* pour l'auteur de ces desseins, loin d'en concevoir de la jalousie (ce qui n'arrive qu'à des artistes médiocres), la Belle le combla d'éloges, & le prit tellement en affection qu'il

———————————

(1) *Livio Meus* naquit à Oudenarde en Flandre l'an 1630. Étant venu fort jeune à la cour du grand-duc à Florence, il étudia d'abord le dessein sous Etienne de la Belle, & il apprit ensuite la peinture à Rome sous Pietre de Cortone. Il peignit l'histoire, le paysage, & les animaux; on voit à Florence, dans la galerie du grand-duc, plusieurs beaux tableaux de sa main. Il mourut dans cette même ville en 1691.

l'engagea à venir travailler avec lui. Ils ne tarderent pas à trouver une occasion favorable d'exercer leurs talens. En effet, le fort de *Portolongone*, que les François occupoient depuis quelques années, ayant été assiégé & repris par les Espagnols qui y entrerent par la breche le 15 août 1650, & qui s'emparerent presque en même tems de la forteresse de *Piombino*, la Belle & son caramade entreprirent de graver en société (1), à l'eau forte, deux grandes planches représentant ces deux sieges. Leur ami *Guerrini* ne négligeoit rien de son côté pour les aider dans leur entreprise, leur communiquant à cet effet les plans de ces deux places & les desseins des attaques à mesure que les travaux du siege avançoient, au moyen des correspondances qu'il entretenoit dans le camp des Espagnols. Ces deux planches étant achevées, la Belle dédia la premiere au comte d'Ognat, vice-roi de Naples, qui fut des plus sensible à cette marque d'estime de sa part. *Livio* présenta

---

(1) *Baldinucci* dit positivement qu'ils graverent chacun un de ces sieges; que la Belle dédia sa planche au comte d'Ognat, & que *Livio* présenta la sienne au comte *de Conversano*. Mais il est facile de voir qu'il se trompe, & que toutes les deux sont de la main de la Belle; il peut bien se faire que *Livio* ait aidé la Belle dans les terrasses & autres parties de peu d'importance, mais les figures sont certainement de ce dernier dans toutes les deux planches; & le nom de la Belle écrit tout au long sur chacune de ces estampes, même à la suite de la dédicace de *Livio*, ne laisse plus de doute sur ce point.

la feconde, c'eft-à-dire le fiege de *Piombino*, au comte *de Converfano*, général de la cavalerie efpagnole, qui par reconnoiffance lui fit un préfent de cinquante piaftres de Florence.

Malgré les honneurs dont la Belle fe voyoit comblé à Florence de la part des grands & de celle de fes compatriotes, qui s'empreffoient à l'envi de rendre hommage à fes talens & à fon mérite perfonnel, il confervoit toujours un tel empreffement pour revoir fa chere ville de Rome, qu'il ne put réfifter long-tems à ce mouvement de fon cœur. A peine y avoit-il un an qu'il s'étoit dévoué au fervice de fon prince, qu'il lui demanda la permiffion de s'abfenter pour quelque tems. Le prince Matthias, qui aimoit la Belle, ne confentit qu'avec peine à fon éloignement, mais ce fut à condition qu'il emmeneroit avec lui à Rome le jeune *Livio Meus*, & qu'il prendroit foin de fes études tant qu'il y refteroit. Quelque tems auparavant, le prince avoit mis ce jeune homme fous la conduite de *Pietro di Cortona* (1), dans

---

(1) *Pietro Berrettini*, peintre & architecte célebre, naquit à Cortone dans la Tofcane, l'an 1596. Il fut d'abord éleve d'*Andrea Commodi*, & vint enfuite à Rome fe mettre fous la conduite de *Baccio Carpi*. Les études qu'il fit fur les belles figures antiques, ainfi que d'après les ouvrages de Raphaël, de Michel-Ange & de Polydore, le perfectionnerent en peu de tems. Entre les beaux ouvrages qu'il fit à Rome, on admire l'enlevement des Sabines, & une bataille d'Alexandre, qu'il peignit étant encore fort jeune ; mais

le séjour que cet artiste fit à Florence, où il peignit plusieurs tableaux pour le palais du grandduc; mais ce peintre célebre, soit qu'il eût de la répugnance à initier ce jeune homme dans la peinture, soit qu'il fût totalement occupé de ses travaux, avoit tellement négligé les talens de *Livio*, qu'il ne l'avoit occupé pendant cet espace considérable de tems qu'à dessiner d'après la bosse: étude entiérement opposée à l'inclination de ce jeune artiste & aux dispositions que son génie annonçoit.

---

sur-tout ceux qu'il fit pour l'église de sainte Bibiane, & les fameuses peintures du sallon Barberin, lui acquirent une grande réputation. En parcourant l'Italie, il s'arrêta quelque tems à Florence, où il peignit pour le grand-duc Ferdinand II, un sallon & quatre chambres de suite au palais *Pitti*; il y représenta la continence de Scipion, celle d'Alexandre, celle d'Antiochus qui cede sa femme à son fils, celle de Cyrus, de Crispus, la fermeté de Porsenna, &c. Après ces travaux, *Pietro* retourna à Rome, où il a peint, pour le pape Innocent X, la galerie d'Enée. Cet artiste fut aussi architecte, & il fit bâtir sur ses desseins plusieurs églises, des palais des chapelles, & des tombeaux. Il a laissé à l'église de sainte Martine, qui est de ce nombre, un fonds de cent mille écus pour la construction d'un maître autel de bronze, & pour y élever son tombeau. Le portique de l'église de la Paix, qui passe pour très-beau, est aussi son ouvrage; il plut tant à Alexandre VII, que ce pape le créa chevalier de l'éperon d'or, & lui donna la croix attachée à une belle chaîne d'or. La goutte, qui l'incommodoit fort, ne lui permettant plus d'entreprendre de grandes ordonnances, il se réduisit à des tableaux de chevalet; enfin il fut contraint de garder le lit: & son incommodité étant augmentée au point de lui ôter jusqu'à l'usage de la parole, il mourut à Rome en 1669, dans sa soixante-treizieme année. *Ciro Ferri*, *Romanelli*, *Lazaro Baldi*, *Pietro Testa*, le Bourguignon, &c. ont été ses éleves.

Notre

Notre artiste partit donc pour Rome avec son ami *Livio*. Pendant tout le tems qu'il y demeura il prit soin de ce jeune homme, lui faisant produire de tems en tems quelques belles compositions dans le genre qui lui étoit propre ; il les envoyoit à la cour de Florence, pour donner des preuves de l'avancement de son éleve, & elles valoient à tous les deux un surcroît de graces & de faveurs de la part de leur protecteur. Malgré ses heureuses dispositions, *Livio* ne se sentoit aucun goût pour la peinture; la Belle, pour lui en inspirer, lui témoignoit souvent ses regrets, dans les conversations familieres qu'il avoit avec lui, de ce qu'ayant pris tant de soin & de peine pour se perfectionner dans le dessein, il avoit eu le malheur de s'arrêter à la gravure, tandis qu'avec les mêmes études & les dispositions naturelles qu'il avoit, il auroit pu devenir un grand peintre. La Belle lui tenoit ces discours avec tant d'énergie, & il avoit en effet un regret si sincere de ne s'être pas totalement livré à la peinture, que *Livio*, profitant de sa faute & de ses avis, prit le parti de s'appliquer entiérement à l'étude de cet art. De sorte que c'est aux bons conseils & aux soins de la Belle, que Florence est redevable d'avoir possédé un peintre d'un si grand mérite.

La Belle ne jouit pas long-tems de l'heureuse tranquillité & de l'espece d'indépendance qui lui rendoient le séjour de Rome si agréable; ses services auprès du grand-duc devinrent d'une telle nécessité, qu'il ne lui fut pas possible de s'y refuser. Le prince héréditaire de Toscane, Cosme de Médicis (1), avoit atteint l'âge convenable à l'étude du dessein; il s'agissoit de lui en donner du moins quelque teinture; & quel maître plus habile pouvoit-on choisir pour le diriger dans cette étude, que le célebre la Belle? Il lui fallut donc renoncer à la douceur de sa solitude, & revenir à Florence. A son départ, il mit le jeune *Livio* sous la conduite de *Pietro di Cortona*, qui étoit de retour à Rome, & qui prit alors un tel soin de son éleve, qu'il fit de très-grands progrès dans la peinture, sans négliger cependant les dispositions naturelles qu'il avoit pour inventer & dessiner en petit. La Belle n'eut pas de peine à acquérir l'estime & les bonnes graces du jeune Cosme, qui avoit un goût décidé pour le dessein & généralement pour les beaux arts; aussi ce prince devint-il par la suite le protecteur de tous les artistes de mérite, sachant les attirer à Florence par ses bienfaits, & les y retenir par ses libéralités vraiment royales.

(1) Cosme de Médicis, troisieme du nom, fils de Ferdinand II, naquit le 14 août 1642; fut marié avec Marguerite-Louise d'Orléans le 19 avril 1661; fut couronné grand-duc en 1670, & mourut le 31 octobre 1723. C'est le dernier grand-duc de la maison de Médicis.

Vers le même tems, François d'Eſt, duc de Modene (1), ayant marié le prince Alphonſe d'Eſt ſon fils avec Laure *Martinozzi*, niece du cardinal de Mazarin, premier miniſtre de France, il appella Etienne la Belle à ſa cour, pour deſſiner & graver les fêtes, ballets à cheval, & autres réjouiſſances qui ſe firent alors à Modene à l'occaſion de ce mariage. On en trouvera le détail dans le catalogue qui ſuit, à l'année 1655.

Le tems conſidérable que notre artiſte fut obligé d'employer, tant à la gravure de ces fêtes qu'aux leçons qu'il donnoit aſſiduement à ſon auguſte éleve, n'empêchoient point qu'il ne mît encore au jour de tems en tems quelques nouvelles productions qui lui attiroient les plus grands applaudiſſemens. Il deſſina & grava entre autres les ſix grandes vues du port de Livourne, dans la

---

(1) François d'Eſt, premier du nom, quatrieme duc de Modene & de *Regio*, naquit le 5 ſeptembre 1610. Alphonſe d'Eſt ſon pere s'étant fait capucin à Munich en 1626, après la mort de ſa femme, François lui ſuccéda à l'âge de ſeize ans, & gouverna ſes états avec beaucoup de prudence & de ſageſſe dans des tems aſſez difficiles. Il reçut de grands honneurs du Roi d'Eſpagne, qui le créa général des princes confédérés d'Italie en faveur du duc de Parme, contre le pape, en 1643. Ayant embraſſé enſuite le parti de la France, il fut général des armées du Roi en Italie l'an 1647, & battit les Eſpagnols dans le Crémonois en 1648. Il fit enſuite ſa paix avec l'Eſpagne. En 1675, ayant repris le commandement des armées de France, il aſſiégea Pavie, mais inutilement; il fut plus heureux les années ſuivantes, car il prit Valence en 1656, & Mortare en août 1658. Il mourut le 13 octobre de la même année.

premiere desquelles on voit la statue colossale de Ferdinand II, grand-duc de Toscane, régnant alors ; c'est l'ouvrage de *Pietro-Jacomo Tacca*, parrein de la Belle, qui étoit un des meilleurs éleves de Jean de Bologne, comme on l'a vu au commencement de ce discours. Les cinq autres estampes représentent des armemens de galeres. La Belle les dédia toutes six au prince Cosme de Médicis, son éleve. Au bas de ces six estampes, gravées à Florence par la Belle en 1655, il est fait mention du privilege qu'il avoit obtenu du Roi de France pour tous ses ouvrages. L'année suivante, il grava une suite de six paysages & figures dans des ronds, sans aucun titre. Vers le même tems il grava aussi six moyennes estampes en hauteur, représentant diverses vues de quelques jardins & antiquités de Rome, & des paysages. A la tête de cette suite est un très-beau vase antique en marbre blanc, qui se voit dans les jardins de Médicis, au bas duquel notre artiste s'est représenté lui-même dessinant ce vase, lors de son premier voyage à Rome, étant encore fort jeune : ces six pieces sont de la plus grande beauté. Malgré toutes ces occupations, la Belle, par une espece de délassement, s'adonnoit encore quelquefois à la peinture. Quoiqu'il s'y soit exercé assez rarement, on apperçoit cependant, dans le peu de tableaux qui nous restent de ce grand deſſinateur, un goût exquis & une fort bonne maniere. On voit entre autres, dans le palais des *Piti*, à Florence, un portrait du prince Coſme ſon éleve, repréſenté ſur un fort beau cheval, peint d'après nature par la Belle.

Le dernier ouvrage conſidérable dont cet artiſte ait été occupé, fut le deſſein & la gravure des fêtes, ballets à cheval, chars de triomphe, & autres réjouiſſances qui ſe firent à Florence en 1661 pour le mariage du prince de Toſcane ſon éleve, avec Marguerite-Louiſe d'Orléans, d'après les compoſitions d'Alexandre *Carducci* (1), inventeur de ces fêtes & ballets. Cet homme illuſtre gagnoit toujours de plus en plus les bonnes graces des princes ſes protecteurs, ainſi que l'eſtime & la bienveillance des amateurs des beaux arts, produiſant de tems en tems quelque nouveau chef-d'œuvre de ſon invention, lorſqu'il fut aſſailli par une longue & redoutable infirmité (2), qui, outre les ravages étranges qu'elle fit ſur ſon

---

(1) Nous n'avons pu rien apprendre au ſujet de cet artiſte; on ſait ſeulement qu'en 1661 il étoit ingénieur-machiniſte, & compoſiteur des ballets du grand-duc à Florence, comme on le voir par cette ſuite de fêtes dont il eſt ici queſtion, deſſinée & gravée par la Belle, d'après les compoſitions de *Carducci*.

(2) L'auteur Italien ne déſigne pas bien clairement l'eſpece de maladie dont notre artiſte fut attaqué; voici ſes termes... *Quando aſſalito da fiera e lunghiſſima infermita*, (*che oltre ad ogni altro ſtrano accidente cagionat. nel ſuo corpo aggravato dalle molte fatiche, avevagli guaſto tutto il capo*) *&c.*

corps affoibli par des études & des travaux continuels, lui avoit entiérement dérangé la tête. En effet, dit l'auteur Italien, pendant les intervalles que lui laissoient les attaques de cette cruelle maladie, il imagina de dessiner & de graver une suite de six estampes (1) de forme ovale, en hauteur, où l'on voit des squelettes, ou, pour mieux dire, la mort même représentée dans des attitudes effrayantes, enlevant indistinctement hommes, femmes, enfans, vieillards, jeunes gens : spectacle bisarre & affreux autant qu'il est possible de l'imaginer. Ces idées funebres & lugubres, dont la Belle s'occupoit continuellement, étoient sans doute, ajoute le même auteur, autant de secrets pressentimens qu'il avoit de sa fin prochaine. Il travailloit à la derniere de ces planches, où l'on voit la mort qui enleve un jeune homme à la fleur de son âge, & qui, le saisissant par le

(1) *Baldinucci* se trompe, lorsqu'il rapporte le dessein & la gravure de ces six morts dans des ovales aux dernieres années de la Belle ; les cinq premieres qui ont toujours été insérées dans l'œuvre de cet artiste, sans la sixieme, prouvent évidemment qu'elles ont été faites long-tems avant cette derniere, qui est même inconnue à presque tous les amateurs. De plus, le cimetiere des Innocens, qui sert de fond à deux des cinq premieres estampes de cette suite, fait voir qu'elles ont été dessinées & gravées par la Belle pendant son séjour à Paris : aussi paroissent-elles de son meilleur tems ; au lieu que la sixieme qu'il avoit commencé à graver lorsqu'il fut attaqué de sa derniere maladie, est bien inférieure aux cinq premieres, & se ressent du dérangement de sa santé.

milieu du corps, va le jetter dans un puits profond, la tête la première, lorsqu'il devint lui-même la triste victime de cette implacable ennemie de tout ce qui respire. Ce dernier morceau, commencé par la Belle, a été achevé après sa mort par Jean-Baptiste *Galestrucci* (1), un de ses éleves. Comme cette planche n'est pas du même tems que les cinq autres, elle se trouve rarement à leur suite.

C'est ainsi que ce célebre & inimitable artiste termina son illustre carriere, à l'âge de cinquante-quatre ans. Florence, l'Italie, l'Europe entiere pleura, dans la perte qu'elle fit de ce grand homme, celle de son art qui est mort avec lui; non qu'il ne se soit formé depuis bien des graveurs, même habiles, mais parce qu'il ne s'en est trouvé jusqu'à présent aucun dans son genre (2), qui ait pu atteindre au degré de per-

---

(1) *Giovanni Battista Galestrucci*, graveur Florentin, se trouve écrit sur le catalogue des peintres de l'académie de Rome, l'an 1652. On ignore le tems de sa naissance & celui de sa mort. Cet artiste mérite des éloges pour la beauté de son burin & pour la quantité d'estampes qu'il a mises au jour, dont on voit le détail sur le catalogue de *Rossi*, intitulé : *indice delle stampe di Roma, del Rossi*. Il a fait aussi de très-belles gravures, pour un livre qui a pour titre : *le gemme antiche figurate da Lionardo Agostini*, en deux volumes *in-quarto*, in *Roma*, 1686.

(2) L'auteur Italien écrivoit ceci en 1686. Nous avons eu depuis deux dessinateurs & graveurs célebres, qui peuvent à juste titre entrer en parallele avec le graveur Florentin, savoir, Sebastien le Clerc, mort en octobre 1714, dont l'œuvre, aussi nombreux que recherché, se monte à près de trois mille pieces; & Charles-Nicolas

fection où il avoit porté la gravure. Aux regrets publics se joignirent ceux de la famille royale & de toute la cour du grand-duc; mais ce sentiment de douleur fut au-dessus de toute expression dans la personne du prince Cosme, à qui il avoit enseigné le dessein. Ce ne fut pas une légere consolation pour ce vertueux artiste, dans la longue & cruelle infirmité dont il se vit affligé, de recevoir régulièrement tous les jours des visites au nom du prince même, non-seulement pour s'informer de l'état où il se trouvoit, mais encore pour lui fournir tous les secours dont il pouvoit avoir besoin. Son corps fut enterré à Florence, dans l'église de saint Ambroise, le 23 juillet 1664. Honorons la mémoire de ce grand artiste, érigeons un trophée à ses vertus & à ses rares talens; & puisqu'il s'est fait un nom éternel, cent ans après sa mort, jettons encore quelques fleurs sur son tombeau.

La Belle ayant eu le malheur de perdre son pere dans sa plus grande jeunesse, conserva toujours pour sa mere une amitié tendre & respectueuse, & il lui en donna pendant toute sa vie

---

Cochin fils, actuellement vivant, qui joint à la touche spirituelle de la Belle une noblesse de composition & une correction de dessein que l'on ne trouve point dans les figures de cet artiste, quand elles passent une certaine grandeur. Son œuvre, dont le catalogue est imprimé en 1770, se monte déja à plus de douze cent estampes.

les

les preuves les moins équivoques. A peine le prince Laurent de Médicis lui eut-il accordé une pension de six écus par mois, pour lui faciliter l'étude de son art tant qu'il resteroit à Rome, que malgré le besoin extrême qu'il en avoit, il obtint que ce bienfait du prince seroit transporté à sa mere pour l'aider à subsister pendant son absence. Pour lui, étant arrivé à Rome, il vécut dans la plus grande économie, sans vouloir tirer de secours de qui que ce soit. La Belle avoit le cœur naturellement bon & compatissant; honnête homme & d'une probité exacte, il ne donna jamais sujet à personne de se plaindre de lui; il étoit d'une si grande modestie que l'auteur Italien d'où nous tirons ceci la met au-dessus de celle d'une jeune demoiselle bien élevée (1). Il étoit tellement porté à secourir les malheureux, qu'on ne lui a guere demandé quelque service qu'il ne l'ait rendu autant qu'il étoit en son pouvoir. Depuis son retour à Florence, sa maison fut également ouverte à ses amis & à ses connoissances; c'étoit un asyle & un refuge assuré pour tous ceux qui se trouvoient dans le besoin; il leur fournissoit généreusement les secours qu'il pouvoit, employant même à ces bonnes œuvres l'argent destiné à ses

---

(1) *Fu dotato di tanta modestia, che posta a paragone, stetti per dire che ne avrebbe perduto quella di qual si fosse stata bene educata donzella.*

propres nécessités. Avec un caractere aussi bienfaisant & aussi désintéressé, doit-on s'étonner que cet homme célebre, que la faveur de la cour & ses grands talens auroient pu élever au comble des honneurs & de la fortune, ait eu besoin des secours du prince pour sa subsistance dans sa derniere maladie, & qu'il soit mort dans un état au-dessous de la médiocrité?

Jacques Callot est le seul graveur que l'on puisse mettre en parallele avec notre artiste (1). La Belle fut son contemporain, & pour ainsi dire son éleve, puisque c'est en copiant les chef-d'œuvres de ce maître qu'il commença à donner des preuves de ses heureuses dispositions pour le dessein. Il est certain que les ouvrages de l'un & de l'autre méritent la plus haute estime, dans le talent particulier qu'ils avoient également d'inventer & de graver des sujets de très-petites figures, touchées avec un goût & un esprit inimitables. Tous les deux, dans cette partie de l'art qui leur est propre, sont des artistes du mérite le plus distingué : & jusqu'à présent ils n'ont point eu d'égal. Enfin, quoiqu'il se rencontre dans leurs ouvrages des degrés de perfection différens, cependant il n'y en a aucun qui, considéré en son particulier, ne soit digne des plus grands éloges.

---

(1) Voyez ci-devant, au bas de la page 47, la note 2.

Au reste, Callot étant venu le premier, on ne peut lui refuser la gloire d'avoir frayé à la Belle la route de l'immortalité, & de lui avoir servi de modele. La maniere de Callot est savante & pleine de génie; admirable dans ses compositions, il a eu un talent particulier pour rendre distinctement ses figures dans les plus grands lointains comme sur les devants. Il possédoit d'ailleurs, dans un degré éminent, les meilleures regles de la perspective & la correction du dessein. La Belle, quoique très-habile dessinateur, & possédant également la perspective & la composition, n'a pas une pointe aussi ferme & aussi égale que celle de Callot, elle paroît même souvent un peu embrouillée, & dans les lointains elle n'est ni aussi visible ni aussi décidée. Mais cette indécision dans les fonds, que quelques demi-connoisseurs, ou des amateurs peu au fait de l'art, regardent comme un défaut dans la Belle, est une preuve de son profond savoir dans la perspective aérienne, puisque c'est l'effet naturel de la dégradation de la lumiere sur les objets, à mesure qu'ils se trouvent à une plus grande distance. Enfin, ce qui lui manque dans la pureté de la pointe & dans la netteté des tailles, est racheté par un goût moëlleux & inimitable; son aimable négligence est pleine de grace & de beautés, en un mot, sa maniere de graver est plus savante &

plus pittoresque que celle de Callot, qu'il avoit cru devoir suivre dans ses commencemens, mais dont il s'est éloigné à mesure qu'il s'est perfectionné dans la pratique de son art.

Après la mort de la Belle, ses desseins furent recherchés avec empressement par les personnes de la plus haute considération, & on les conserve encore avec soin dans les cabinets des curieux. Le grand-duc, pour rendre à la mémoire de cet illustre artiste un témoignage authentique de l'estime & de l'attachement qu'il avoit eu pour lui pendant sa vie, fit placer le portrait de la Belle dans la galerie de son palais; ce portrait, peint par Stokade (1), a été gravé depuis par *Wenceslas Hollar* (2). Ce prince fit aussi rechercher tout ce que l'on a pu rassembler des planches gravées par ce

---

(1) Nicolas Helt Stokade, naquit à Nimegue vers 1614; il eut pour maître son beau-pere David *Ryckaert* le Vieux. Ayant abandonné de bonne heure la maison paternelle, il fut s'établir à Rome & à Venise, où il a passé une partie de sa vie. Il a aussi travaillé quelque tems en France, avec le titre de peintre du Roi. Il peignoit l'histoire en grand, & ses portraits sont fort estimés. On ne sait rien de certain sur le lieu & l'année de sa mort.

(2) *Wenceslas Hollar*, graveur très-renommé, né à Prague en 1607, voyagea dans l'Allemagne, & vint s'établir en Angleterre, d'où il sortit pour se retirer à Anvers, à l'occasion des guerres civiles qui désolerent ce royaume après la mort de Charles I. Etant depuis retourné à Londres, il y passa le reste de ses jours, & y mourut dans un âge très-avancé, vers l'an 1700. Son œuvre est très-nombreux & très-difficile à rassembler. Il excella sur-tout dans le paysage, les animaux, & les insectes. On estime aussi beaucoup ses portraits.

même artiste depuis son retour en France, & il en forma un recueil précieux, qui fait partie de la collection d'estampes du cabinet du grand-duc, qui se vend encore aujourd'hui chez Bouchard, libraire & marchand d'estampes à Florence.

Les principaux artistes qui ont travaillé d'après la Belle, sont N. Cochin, Goyran (1), & Fr. Collignon. Le premier a gravé, d'après lui, la plupart des batailles, sieges, &c. faits par le Grand Condé, dans les premieres années du regne de Louis XIV. Une grande partie de ces planches se trouve rassemblée dans les volumes des estampes du cabinet du Roi, que l'on connoît sous le nom du *grand Beaulieu*. Cet ancien Cochin, contemporain de la Belle, quoique moins léger dans sa gravure, a cependant fort approché de sa maniere, & il avoit une pointe assez nette. Collignon a beaucoup travaillé dans le goût de Cochin. Goyran est celui qui a le mieux imité la touche moëlleuse & spirituelle de cet excellent artiste.

Le recueil complet de tous les ouvrages de la

---

(1) Claude Goyran, graveur contemporain de la Belle, a gravé divers paysages d'après ce maître, ainsi que quelques planches pour *les triomphes de Louis le Juste*, par *Valdor*, en 1649. Il a aussi gravé, d'après Augustin Quesnel, Jacques Stella, Henri Mauperché, & Jacques Callot. On ne sait rien de certain sur le lieu & l'année de sa naissance & de sa mort.

Belle, au rapport de Florent Lecomte (1), (tome III, page 175) se monte à 824 pieces, presque toutes de son invention. Cependant le catalogue de son œuvre, que l'on trouve dans le tome II du même ouvrage (IIe partie, pag. 107), quoique très-incomplet & très-mal distribué, va jusqu'à 1018 pieces; mais il est facile de s'appercevoir de plusieurs omissions considérables, ainsi que des fréquentes bévues & des doubles emplois que cet auteur fait de tems en tems. M. Basan le fait monter jusqu'à plus de 1400 pieces, mais sans aucun fondement, & sans entrer dans aucun détail à ce sujet. Dans le catalogue qui suit, on peut compter jusqu'à 1250 morceaux différens (2), encore ne nous flattons-nous pas de les avoir indiqué tous; nous sommes même persuadés qu'il y en a plusieurs qui nous ont échappé.

---

(1) Cabinet des singularités d'architecture, peinture, sculpture & gravure, par Florent Lecomte, en 3 volumes in-12. Paris, 1699.

(2) L'œuvre de la Belle, qui a appartenu à M. Quentin de Lorangere, & qui passoit pour un des plus complets & des mieux conditionnés de ce maître, tant pour la beauté des épreuves que pour la rareté de plusieurs sujets & titres de livres presque introuvables, se montoit à 1150 morceaux, y compris les doubles, occasionnés par les épreuves avant la lettre, ou par divers changemens faits aprèscoup à quelques planches. Il a été vendu 710 livres, en un seul article, vers la fin de mars 1744.

Différens témoignages & citations d'auteurs en faveur d'Etienne de la Belle.

STEFANO *della Bella*, natif de Florence, en Italie, en l'an 1614, très-bon peintre en petit, a aussi fait merveilles en l'eau forte; d'un grand esprit, très-abondant en inventions. Il a fait son commencement auprés de Jacques Callot. On voit quantité de ses estampes par-tout. *Au bas de son portrait peint par Stocade, & gravé par W. Hollar.*

La maniere libre & enjouée de l'eau forte dans les paysages & ornemens, les différens sujets & fêtes étrangeres, & pareillement les pieces faites à la gloire de la France, par Etienne de la Belle, graveur Florentin, sont de pressantes raisons pour m'exciter à vous en parler en détail. *A la tête du catalogue de l'œuvre de la Belle, par Florent Lecomte, tom. II, seconde partie, pag.* 107.

Etienne la Belle, qu'on peut regarder comme un modele de perfection pour la gravure en petit, infiniment préférable à Callot pour la gentillesse de son travail, en un mot qui est dans son genre ce que Gerard Audran est dans le grand, ne s'est point piqué de cette roideur & de ce servile arrangement de belles tailles, qui imite la gravure au burin, comme le conseille Abraham Brosse ; au contraire, sa maniere de graver est un composé de petites tailles courtes, & mêlées les unes dans les autres avec un goût & un esprit inimitables. Il est étonnant qu'en se servant du vernis dur, il ait pu graver d'une façon si souple, & éviter l'inflexibilité que l'on apperçoit dans les ouvrages de ses prédécesseurs. *Préface de M. Cochin, pour la nouvelle édition du traité de la gravure à l'eau forte, par Abraham Bosse, in-8°. Paris*, 1745, page xx.

L'aimable négligence des ouvrages de la Belle est infiniment préférable au trop grand fini de ceux de Bernard Picart, dont les productions ont été si long-tems admirées du vulgaire, &c. *Traité de la gravure à l'eau forte, même édition*, page 85.

L'œuvre de la Belle est considérable par le nombre des pieces & par leur mérite. Sa maniere & sa touche sont libres, savantes & pittoresques; elle n'est pas si bien finie de gravure, ni si précise de dessein que celle de Callot : les mains & les pieds de ses petites figures sont généralement négligées, mais la plupart de ses têtes sont si nobles & d'un si beau caractere, qu'elles sont comparables à celles des plus grands maîtres.

La Belle a fait excellemment de tout : nous
avons

avons de lui des batailles, des marines, des paysages, des chasses, des ruines, des animaux, & sur-tout des cartouches & autres ornemens d'un goût merveilleux. Il n'y a guere que les chevaux qu'il ait mal rendus (1). En un mot, c'étoit un génie plein de feu & d'imagination, & dont les ouvrages seront toujours regardés avec admiration.

Etienne la Belle est le maître le plus recherché par les bons & les vrais connoisseurs, à cause de la légéreté de sa pointe ; & il ne se trouve aucun graveur qui ait travaillé avec plus d'esprit & de finesse. *Catalogue des tableaux, estampes, &c. de M. Quentin de Lorangere, par Gersaint,* in-12. *Paris,* 1744, *page* 133.

Etienne de la Belle, très-habile graveur à l'eau forte, imita d'abord la maniere de Callot, mais il l'abandonna bientôt pour s'en faire une particuliere. Personne n'a surpassé cet excellent artiste pour la finesse & la légéreté de la pointe. Sa touche libre, facile, savante & pittoresque, rend ses estampes si pleines de goût, d'esprit & d'effet,

---

(1) La Belle a dessiné les chevaux en petit dans ses sujets de guerre, avec beaucoup d'esprit, de grace & de justesse. Il a été moins heureux quand il les a fait d'une proportion un peu plus grande, & il semble qu'il a préféré les chevaux de la plus commune espece, dont les paysans se servent. En général, les animaux qu'il a gravés un peu en grand, sont d'un caractere lourd ; mais il est inimitable dans le petit.

qu'il doit être regardé comme un modele de perfection pour la gravure en petit. D'ailleurs, ses têtes sont remplies de noblesse, d'un beau caractere, & ses figures sont bien dessinées. Il a gravé des sujets d'histoire, des batailles, des chasses, des paysages, des marines, des animaux, & des ornemens d'un goût exquis. . . . Son œuvre consiste en plus de 1400 pieces. *Dictionnaire des graveurs anciens & modernes, par F. Basan, graveur, en trois volumes* in-12. *Paris, 1767, tome I, page 45.*

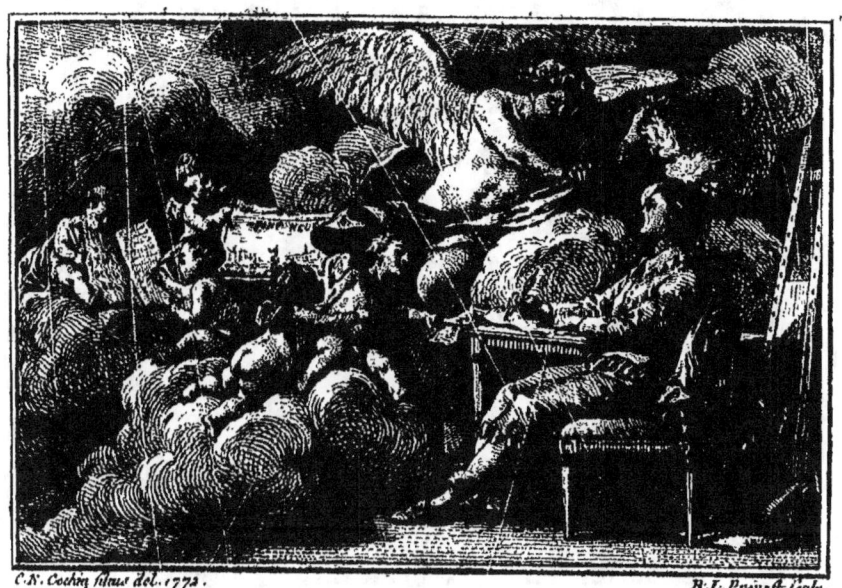

C. N. Cochin filius del. 1772. B. L. Prevost sculp.

ESSAI
D'UN CATALOGUE
DE L'ŒUVRE
D'ETIENNE DE LA BELLE.

PORTRAITS DE LA BELLE.

PORTRAIT de la Belle dans un quarré, avec une main; il y a un abrégé de sa vie au bas de la planche. Peint par Stokade, gravé par *W. Hollar*. Hauteur 5 pouces 6 lignes, largeur 3 pouces 11 lignes.

H ij

Autre portrait du même, dont la tête est à peu près semblable à celle du frontispice des têtes coëffées à la Persienne, mais d'une plus petite proportion ; elle est la 35ᵉ planche du second recueil de divers griffonnemens (n°. 122). Dessiné & gravé par la Belle. Haut. 1 pou. 11 lig. larg. 2 pou. 5 lig.

Autre portrait, au bas duquel sont plusieurs yeux, faisant la seconde planche d'un livre pour apprendre à dessiner (n°. 146). Dessiné & gravé par la Belle. Haut. 3 pou. larg. 2 pou. 4 lig.

Portrait de la Belle dans un ovale, servant de frontispice au recueil des têtes coëffées à la Persienne (n°. 172). Dessiné & gravé par lui-même en 1650. Haut. 3 pou. 8 lig. larg. 2 pou. 8 lig.

Autre portrait de la Belle, qui s'est représenté, étant encore fort jeune, assis par terre, dessinant le beau vase de marbre blanc dans les jardins de Médicis à Rome, sur la planche premiere du n°. 189. Hauteur de toute la planche, 11 pou. larg. 10 pou.

1610.

Naissance d'Etienne de la Belle, à Florence, le 18 mai 1610. Il étoit fils de *Francesco della Bella*, sculpteur (1) de l'école de Jean de Bologne, & de *Dianora*, fille de *Francesco Buonaiuti*.

1620.

Etienne de la Belle est mis en apprentissage chez un orfevre de Florence, nommé *Gio: Battista Fossi*.

1621.

Etienne de la Belle est retiré de chez son

---

(1) On ignore sur quel fondement Felibien, Florent Lecomte, Gersaint, Basan, & tous les faiseurs de catalogues & de petits dictionnaires portatifs, qui se sont copiés les uns les autres, veulent que la Belle soit fils d'un orfevre, puisque *Baldinucci* qui étoit son compatriote, & qui s'est trouvé avec lui à Florence depuis son retour de France, assure qu'il étoit fils d'un sculpteur de l'école de Jean de Bologne. Quelques-uns ajoutent qu'il fut éleve de Callot, quoique notre auteur Florentin n'en fasse aucune mention, & qu'il dise au contraire que Callot quitta Florence & l'Italie à la mort de Cosme II son protecteur, grand-duc de Toscane, qui arriva l'an 1621, la Belle n'ayant alors que onze ans. Il est vrai que notre artiste a commencé à prendre du goût pour le dessein, en copiant à la plume les estampes de Callot ; & dans ce sens on pourroit dire que Callot a été son premier maître : mais la Belle n'apprit sérieusement à dessiner que lorsqu'il entra dans l'école de Jean-Baptiste *Vanni*, qui lui enseigna les premiers élémens de cet art, en 1624, trois ans après le départ de Callot.

orfevre, & mis en apprentissage chez un mouleur ou faiseur d'empreintes de cachets & de pierres gravées, nommé *Gasparo Mola*.

1623.

Etienne de la Belle entre en apprentissage chez *Orazio Vanni*, orfevre-bijoutier de Florence.

1624.

La Belle est placé dans l'école de *Gio: Battista Vanni*, peintre, fils d'*Orazio Vanni*, où il apprend le dessein.

1625.

La Belle entre dans l'école de *Cesare Dandini*, peintre Florentin, où il s'applique à la peinture.

1626.

La Belle renonce à la peinture, & se livre totalement à la gravure.

N°. 1. Saint Antonin (1), archevêque de Florence, à genoux sur des nuages, vêtu d'une longue robe, environné d'une gloire céleste & d'anges qui tiennent les attributs de son épiscopat. Premiere piece dessinée & gravée par la Belle. Hauteur 4 pouces 4 lignes, longueur 5 pouces 8 lignes.

2. Deux petites estampes de gantelets sur un fond blanc. Sur l'une il y a trois gantelets, & deux sur l'autre. Haut. de chaque cuivre, 2 pou. 7 lig. larg. 2 pou. 4 lig.

---

(1) Voyez, au sujet de cette premiere estampe de la Belle, la note (1) qui est au bas de la page 10 de la vie de la Belle.

1627.

3. Notre-Seigneur expliquant les écritures à sa mere & à saint Joseph (1). On voit en haut Dieu le Pere & le Saint-Esprit. Haut. 6 pou. larg. 4 pou. 8 lig.

4. Festin magnifique dans la salle du palais du grand-duc, à Florence. Au bas est écrit : *al Seren. gran principe Gio : Carlo Medici, &c.... di V. A. S. devot. servo Stefano della Bella, in Firenze. il di P°. d'Agosto* 1627. Au haut de l'estampe sont les armes de Médicis. Hauteur avec la lettre gravée au bas, 9 pou. 4 lig. long. 14 pou. 4 lig. Cette estampe est de la collection du grand-duc.

1628.

5. *Presa delle due galere di Bizerta*, du 3 octobre 1628, avec les armes du grand-duc dans un cartel à gauche. *Stef. della Bella fecit.* Haut. 9 pou. 3 lig. long. 12 pou. Cette piece est des premiers tems de la Belle.

6. Saint Antoine. Il est monté sur un monstre ayant deux têtes, une de femme & une d'homme :

---

(1) Cette estampe, gravée à l'eau forte & retouchée au burin, paroît des commencemens de la Belle, & elle est extrêmement rare. Le chiffre 13 qu'on apperçoit au bas, à quelques épreuves, pourroit faire croire qu'elle fait partie d'une vie de Jesus-Christ, dont les planches auront été perdues, ou que la Belle lui-même aura supprimées, étant devenu plus expert dans son art. Il n'y a point de chiffre à celle qui est au cabinet du Roi ; à l'œuvre de la Belle, qui est chez M. Paignon de Dijonval, le chiffre 13 est tout au bas, à droite.

1628.

celle-ci est couronnée. Ce monstre a une queue composée de deux serpens tortillés, terminés par deux têtes. Au bas est écrit : *super aspidem & basiliscum ambulabis*. Ce morceau, qui est assez bien gravé, est extrêmement rare. Haut. 7 pou. larg. 5 pou.

7. Petite estampe quarrée, gravée à l'eau forte, des premiers tems de la Belle. On y voit un homme décapité renversé à terre, dans une prison ; un autre à genoux, à qui l'on va couper la tête ; à gauche, deux soldats debout qui regardent l'exécution. Haut. 2 pou. 3 lig. long. 2 pou. 11 lig.

8. *Hippolitus Galantinius flo. congreg. Christ. civit. Florent. sub titulo D. Franc. fundator. Obiit anno 1619, ætatis suæ 55.* Hauteur avec le titre, 5 pou. 8 lig. larg. 4 pou. 10 lig.

9. Saint Joseph debout, tenant un bâton au haut duquel il pousse des feuilles. Au bas est écrit : *Prega in tanto periglio, &c.* Haut. 4 pou. larg. 3 pou. 2 lig. (1).

1629.

10. *Effigie del glorioso martyre S^{to}. Benedetto.*

―――――――――――――

(1) Dans l'œuvre de la Belle, qui est au cabinet du Roi, il y a deux pieces gravées entiérement au burin, l'une de l'ange gardien qui conduit un enfant, l'autre de saint Roch guéri par un ange qui le touche à la cuisse. Ces deux estampes ne paroissent ni dessinées ni gravées par la Belle, & ne tiennent point du tout de sa maniere ; c'est pour cette raison qu'on ne leur a point donné place dans ce

On

1629.

On voit dans le fond à gauche le portail de l'église de *Sto. Piero Maggiore*, où repose le corps de ce saint, à Florence. Ce morceau, des premiers tems de la Belle, est fort rare. Haut. 8 pou. larg. 5 pou. 9 lig.

11. Seize petites estampes presque quarrées, extrêmement rares, & gravées comme en bois, attribuées à Callot, mais qui sont des premiers tems de la Belle, lorsqu'il cherchoit à imiter la maniere de ce maître. Savoir:

1. Grouppe de cavaliers à gauche, qui courent au combat vers la droite.

2. Un cavalier tout seul, tourné vers la gauche.

3. Un cavalier à gauche, & le coche qui descend le long d'une montagne qui est à droite.

4. Huit petits enfans qui jouent avec un chien & une poupée.

5. Course de chevaux dans le cours à Rome; à droite sur le devant, un homme à cheval, un peu en grand.

6. Six pauvres assis par terre, dont un qui boit dans une tasse.

7. Deux hommes dans un bateau; l'un le conduit, l'autre tient un fusil; joli paysage dans le lointain.

8. Soldat qui se repose sur son fusil; autre qui

---

catalogue; elles portent, avec la lettre qui est au bas, 5 pou. de haut sur 3 pou. 6 lig. de large. Le saint Roch est dans l'œuvre de M. Paignon de Dijonval, amateur très-curieux, & dont le cabinet est dans le plus bel ordre.

1629.

chasse devant lui un bœuf, ayant un agneau sous son bras droit.

9. Divers jeux d'enfans.

10. Deux chasseurs avec leurs fusils, dont l'un couche en joue.

11. Un piqueur debout, qui conduit deux chiens.

12. Petite chasse où l'animal est pris.

13. Un homme assis, ayant la main droite sur son chien.

14. Deux hommes à gauche sur un quai, regardant la mer & des vaisseaux dans un port vis-à-vis.

15. Deux paysans avec des manteaux, l'un vu par derriere, tenant un petit paquet sous son bras gauche ; l'autre tourné à gauche & le regardant, conversant sur une terrasse à droite : tout le fond est blanc.

16. Le fauconnier à cheval : figure copiée de la grande chasse au cerf de Callot.

Hauteur de la plupart de ces estampes, 2 pou. 5 à 9 lig. sur environ 3 pou. 3 à 6 lig. de longueur ; elles ne doivent point être numérotées, & il n'y a aucun nom, ni du graveur, ni du marchand. Ces seize estampes se trouvent dispersées dans le premier volume de l'œuvre de la Belle, qui est au cabinet du Roi, & qui a appartenu à M. de Beringhen.

1630.

12. Douze petits sujets de grandeur *in-douze*, petit format, qui paroissent avoir été faits pour un roman, & qui sont de la plus grande rareté.

1630.

On peut les voir à la fin du volume de l'œuvre de Silveſtre & la Belle, qui eſt au cabinet du Roi, & qui a appartenu à M. l'abbé de Marolles.

1. Un char traîné par des bœufs.
2. Deux cavaliers qui vont ſe battre à l'épée.
3. Trois cavaliers qui courent au combat.
4. Marche de cavaliers conduits par un fantaſſin.
5. Lucifer ſur ſon trône, dans les enfers.
6. Pluſieurs philoſophes & aſtronomes, dont l'un a un compas & une ſphere à la main.
7. Accouchement d'une femme, qui a une jambe & une partie de la cuiſſe découverte.
8. Femme pendue à la fenêtre d'un bâtiment ruſtique.
9. Petit combat naval.
10. Combat de cavalerie ſur un pont.
11. Grande incendie dans une place publique.
12. Palais du pape, dont on voit la ſtatue dans une niche.

Ces douze morceaux ſont des premiers tems de la Belle, & l'on y reconnoît aiſément le goût de Callot, qui lui ſervoit de modele alors. Haut. 4 pou. 1 à 4 lig. larg. 2 pou. 3 à 5 lig.

13. Deux petites eſtampes quarrées, de martyrs. Sur l'une, eſt une ſainte, à qui un roi fait trancher la tête; l'autre, de pluſieurs ſaints à genoux, prêts à être martyriſés, & une ſainte qui inſulte un idole : le tout entouré d'une petite bordure à oreilles. Haut. 2 pou. 6 lig. long. 3 pou. 3 lig.

1630.

14. Petite estampe en hauteur d'un saint vieillard qui passe à travers les flammes d'un bûcher, autour duquel il y a grande quantité de spectateurs. Sur le devant, on voit des assistans à genoux, & une espece de procession avec la croix & un chandelier triangulaire à douze cierges. Au bas est la mesure du palme romain, & du pied lombard, anciennement usité à Florence. Cette estampe paroît des premiers tems de la Belle. Hauteur totale de la planche, 6 pou. 6 lig. larg. 5 pou.

15. Facétieuses inventions d'amour & de guerre pour le divertissement des beaux esprits, en treize feuilles, y compris le titre, où il y a deux figures d'enfans, dont l'un a un casque sur la tête. Il y a six planches de deux figures chacune, hommes & femmes nains ; & six autres planches de figures seules, qui sont des soldats nains : le tout dans le goût des *gobbi* de Callot, ou des charges de Leonard de Vinci. Ces treize estampes, des commencemens de la Belle, sont très-rares. On lit au bas du titre : *Fr. Collignon excudit cum privilegio regis.* Il n'y a rien d'écrit sur les autres planches, pas même le chiffre de la Belle. Haut. 3 pou. 6 lig. long. 4 pou.

16. *Gli commentarii del Sig^r. Blasio di Montluc del Vincenzo Pitti, in-4°. in Firenze,* 1630. Un frontispice dessiné & gravé par la Belle dans

DE LA BELLE.
1630.

ses commencemens : il représente une femme assise dans un fauteuil de bois, à ses pieds un petit singe tenant un livre sur lequel est écrit *Ipermestra*, & un petit moulin à vent, autour duquel on lit : *in sua movenza e fermo immobili*; au haut de l'estampe sont de très-grandes armes entourées d'enfans & d'un cartel d'assez mauvais goût.

1631.

17. Petite estampe de deux paysans debout, & un mulet avec son bât, vu par la croupe, avec lointains, des premiers tems de la Belle. Haut. 1 pou. 6 lig. long. 2 pou. 8 lig.

18. Un homme en manteau, vu par derriere, ayant un paquet sous le bras gauche, tenant un bâton de la main droite, quelques petites plantes à sa gauche, un peu de terrasse sous ses pieds : tout le reste de la planche est blanc; elle est dans le goût des caprices de Callot. Hauteur du cuivre, 3 pou. 1 lig. larg. 2 pou. 3 lig.

19. Petit portrait de Sigismond *Boldoni* (1), âgé de 33 ans, gravé par la Belle dans ses premiers tems : il porte une couronne de lauriers sur

---

(1) Sigismond *Boldoni*, noble Milanois, est l'auteur d'un poëme héroïque intitulé : *la caduta de' Longobardi*, in-octavo, à la tête duquel se trouve le portrait ci-dessus. Ce poëte est mort à Pavie, l'an 1630, âgé de trente-trois ans.

1631.

la tête. Au bas du portrait font des armes avec un aigle à deux têtes, les ailes font déployées : morceau rare. Il porte 4 lig. 4 pou. de haut, sur 2 pou. 6 lig. de large.

20. Petite estampe quarrée d'un Polonois debout, regardant à gauche, tenant sa hache de la main gauche; un autre Polonois plus loin; à droite dans le lointain un autre à cheval; plus loin encore un autre homme debout sur un fond blanc, sans aucun nom ni lettre au bas. Cette piece est beaucoup dans la maniere de Callot. Haut. 3 pou. 9 lig. larg. 3 pou. 7 lig.

1632.

21. *Franciscus, ex principibus Etruriæ. S. D. Bella.* Ce portrait, dans un ovale, est renfermé dans une bordure quarrée, entourée d'attributs militaires; dans le fond, des deux côtés du portrait, on voit une bataille. Haut. 6 pou. 5 lig. larg. 4 pou. 5 lig.

22. *Descrizione delle feste fatte in Firenze per la canonizzatione di S. Andrea Corsini.* Titre en hauteur, où l'on voit une procession qui entre dans une église de Florence. Au bas est écrit : *in Fiorenza, nella stamperia di Zanobi Pignoni, con licenza de SS. Superiori*, 1632. Hauteur de ce titre, 5 pou. 6 lig. larg. 4 pou. 2 lig.

Vingt planches d'emblêmes en quarré-long

1632.

pour ce même ouvrage. Hauteur de chacune 3 pou. 5 lig. long. 3 pou. 10 lig.

Ordre des vingt devises.

1. Sanctum Domino vocabitur.
2. In manu potentis.
3. Refugium & virtus.
4. Victæque tacent.
5. Factus in salutem.
6. Reddit in abscondito.
7. Suavior fragrat.
8. Lumen di lumine.
9. Apprehensa sanatur.
10. Et sidera sentit.
11. Qui vocatur à Deo.
12. Spernit humum.
13. Comederunt superfuit.
14. Læta lotis.
15. Dissipatus est.
16. Agli altri e noia.
17. Factus est salus & virtus.
18. In auxilio opportuno.
19. Dii omnia possunt.
20. Futuræ gloriæ pignus.

Toute cette suite, qui est extrêmement rare & des premiers tems de la Belle, se trouve complette & très-bien conservée dans l'œuvre de ce maître, que l'on voit dans le cabinet de M. Paignon de Dijonval: je ne l'ai vu nulle part ailleurs.

1632.

23. Quatre petites estampes de charges très-comiques, gravées dans le goût de Callot, & qui sont de la plus grande rareté.

1. Un nain à cheval sur un âne; un nain le tire par la bride; un autre, par derriere, le frappe à coups de bâton.

2. Une dame avec son écuyer, & deux demoiselles suivantes, le tout en nains.

3. Deux nains qui se disposent pour se battre à l'épée.

4. Concert ridicule de cinq nains.

Haut. 3 pou. 9 lig. long. 5 pou.

24. *Dialogo di Galileo Galilei Linceo, al Sereniss. Ferdinando II, granduca di Toscana.* Frontispice *in-*4°, où l'on voit trois philosophes debout (Ptolomée, Copernic, & Galilée), qui s'entretiennent sur la sphere. Le fond est une vue de la mer. Au bas est une devise avec ces mots : *grandior ut proles*. G. B. L. Haut. 7 pou. larg. 4 pou. 11 lig.

25. Petite estampe callotine, en longueur, de cinq pantalons & un nain, figures grotesques, avec lointains. Cette planche paroît des commencemens de la Belle, & très-fort dans la maniere de Callot; il y a au bas plusieurs faux traits, & des essais de burin; on y voit aussi tracé à l'eau forte 1632, & le mot *Gabaella* au-dessous du nain.

Voyage

1633.

Voyage de la Belle à Rome.

26. L'église triomphante, morceau des premiers tems de la Belle. Elle est représentée revêtue d'une aube, & couronnée de la thiarre; elle a un pied posé sur la terre & l'autre sur la mer. Au-devant d'elle, à ses pieds, est l'arc-en-ciel; au-dessus, l'arche d'alliance; de la main droite elle tient le saint-sacrement grouppé avec un sceptre & une épée; sa main gauche est appuyée sur une grande croix. Au bas est écrit sur une draperie: *l'église triomphante en terre.* Haut. 6 pou. larg. 4 pou. Estampe très-rare. Du cabinet de M. Paignon.

27. La découverte de l'image miraculeuse de la Notre-Dame *dell' Imprunetta*, proche Florence : espece de reliquaire avec les deux volets ouverts, au-dessus d'un autel. Au bas de la planche, après un long discours en italien, on lit : *di Vostra Alt. Sereniss. devotiss. servitore Donato de Nobili, P*^{no} *li 23 giugnio 1633.* Hauteur totale 14 pou. larg. 9 pou. 2 lig.

28. *Entrata in Roma del eccell. Ambasciatore di Polonia, l'anno 1633. Al sereniss. principe D. Lorenzo di Medici, &c. Stefano della Bella*, en

1633.

six feuilles longues qui se collent l'une au bout de l'autre (1).

Hauteur des cinq premieres planches, 5 pou. 8 lig. sur 15 pou. 10 lig. de long; la derniere bande a 18 pouces de long, sur la même hauteur que les cinq premieres.

29. Trois frises antiques de diverse grandeur, représentant des hommes dans des bateaux, espece de bas-reliefs dessinés par la Belle, d'après quelques monumens antiques, à Rome.

Hauteur de la premiere, 1 pou. 7 lig. long. 8 pou. 9 lig.

Hauteur de la seconde, 3 pou. 6 lig. long. 8 pou. 7 lig.

Hauteur de la troisieme, 3 pou. 6 lig. long. 7 pou. 5 lig.

30. Une lampe antique renfermée dans un globe transparent. Petite estampe quarrée, à l'eau forte. Haut. 2 pou. 4 lig. long. 2 pou. 6 lig.

---

(1) Sur la premiere de ces six pieces est une dédicace écrite sur une espece de piédestal, à gauche de l'estampe, où se voient les armes de Médicis. Cette suite est très-amusante, & les attitudes en sont variées agréablement. Pour l'avoir des premieres épreuves, il ne faut pas qu'il y ait l'adresse de Rossi sur la premiere planche, au-dessous du titre, & l'on doit voir au bas de la sixieme, à gauche, *Augustinus Parisinus & Jo: Bapta Negropontes, form. Bononie*; cette adresse ayant été effacée après l'acquisition que Rossi a faite de ces planches, pour y substituer la sienne.

1634.

31. Suite de huit moyennes marines, gravées à Rome par la Belle, & dédiées *al sereniss. principe D. Lorenzo di Toscana.* Aux premieres épreuves, sur le titre de la premiere, doit être gravé au bas, à gauche, à l'eau forte, *Calisto Fern^te. Form.* On y a mis depuis le nom de *Van-Westerhout.* Au bas à droite, est gravé aussi à l'eau forte, *S. D. B. in & F.* 1634. sans aucun numero ni lettre à aucune des sept autres planches. Haut. 4 pou. 8 lig. long. 7 pou. 8 lig. La Belle a recommencé cette suite à Paris en 1645. Voyez au n°. 110.

32. Réjouissances sur le fleuve d'*Arno*, ou combat plaisant sur le pont de Pise, avec quatre vers italiens au bas de l'estampe. *Stefa. della Bella inventor. Antonio Francesco Lucini fecit.* 1634. Haut. totale 13 pou. 3 lig. long. 18 pou. 8 lig.

33. *Festa fatta in Roma alli 25° di febraio 1634, e data in luce da vitale Mascardi, con licenza de' superiori.* Frontispice *in-folio*, où l'on voit une Renommée volante, & au-dessus les armes des Barberins. Haut. 8 pou. 6. lig. larg. 6 pou. 1 lig.

34. Quatre pieces gravées par la Belle, d'après Raphaël. On y voit Jupiter, Mars, Mercure, & Diane, traînés chacun dans un char, avec leurs attributs. Ces quatre morceaux font partie des sept planetes de Raphaël. On ignore si la Belle a

K ij

gravé les autres, n'y ayant que ces quatre-ci qui foient connues des curieux : elles font extrêmement rares. Haut. de chacune 4 pou. 7 à 8 lig. long. 5 pou. 8 à 10 lign.

35. *Caſtello S. Angelo. S. D. Bella fecit.* Grande piece en travers de 7 à 8 pou. de haut fur 12 pou. 4 lig. de long.

36. *Lactis phyſica analyſis, auctore Joanne Nardio, Phil. Med. Florentino,* in-4°. *Florentiæ* 1634. Un frontifpice deſſiné & gravé par la Belle. On y voit le dieu Efculape, facrifiant à la Nature, repréſentée par une femme poſée fur un piédeſtal, qui jette du lait par les deux mammelles en fe preſſant le fein ; deux bergers malades apportent de petits vaiſſeaux de bois pour lui en demander, Efculape leur montre la déeſſe qui le fournit. Dans le fond on voit pluſieurs beſtiaux qui pâturent ; dans le haut, un enfant qui vole en portant les armes de Médicis. Pluſieurs ont attribué cette eſtampe à Callot, parce qu'elle tient un peu de fa maniere ; mais elle eſt inconteſtablement de la Belle, & non pas de Callot, qui avoit quitté Florence dès l'année 1621. Haut. de l'eſtampe 7 pou. 10 lig. larg. 6 pou. 2 lig. Cette eſtampe eſt rariſſime.

1635.

37. Portrait d'un homme célebre nommé *Hora-*

1635.

tius Gonzales, reſſemblant aſſez à un ſinge, dans un ovale, entouré d'un cartel : morceau extrêmement rare. On lit autour du portrait : *Ad Mercurium Ferrarium, Horatii Gonzalis effigies*. On a gravé au bas ces quatre vers latins :

Gonzales nitet hic Romanâ notus in aulâ,
 Cujus in humano ſtat pilus ore feræ.
Et tibi qui quondam, Ferrari, junctus amore
 Vixit, adhuc ſpirans vivit in obſequio.

Haut. de la planche 8 pouc. larg. 5 pou. 8 lig.

38. Petite eſtampe en hauteur, des armes de Médicis, dans un cartel, deſſiné & gravé par la Belle. Haut. 3 pou. 1 lig. larg. 2 pou. 9 lig.

39. Autre petite eſtampe en quarré, des armes des Barberins, dans un cartel entouré d'un ruban. Gr. 2 pou. 3 lig. Des premiers tems de la Belle.

40. *Vera effigies S^{ti}. Dominici in Suriano, &c. Emin. D^{no}. Alexandro Cardinali Cæſarino, Epiſcopi Viterbienſi & Tuſcanenſi. Val. Regnartius ſculpſ. Romæ. Delineavit Steph. della Bella inventor.* C'eſt une grande eſtampe en hauteur, gravée au burin, où l'on voit au bas un moine à genoux prenant le bas d'une pancarte, tenue en haut par la Vierge, ſaint Jean & ſainte Catherine, qui ſont ſur des nuages. Sur la pancarte eſt repréſenté en pied ſaint Dominique, tenant de la main droite un livre & de la main gauche une branche de

1635.

lys. Haut. 13 pou. larg. y compris une bordure allégorique, 8 pou. 11 lig.

41. Saint François à genoux dans un cartel, au haut duquel font les armes des Barberins, trois abeilles volantes. On voit des deux côtés, dans un cartel quarré qui embraſſe le premier, pluſieurs pénitens à genoux & voilés, ſuivant l'ancienne coutume d'Italie, avec des armes d'un griffon ailé. Eſtampe des commencemens de la Belle, gravée entiérement à l'eau forte. Au bas eſt écrit en capitales *Franceſco Spagna minimo ſervo*. *D. D.* Haut. 4 pou. 2 lig. larg. 6 pou. 11 lig.

Ces quatre pieces, des plus rares de la Belle, ſe voyent dans l'œuvre de ce maître, appartenant à M. Paignon de Dijonval, qui eſt un des mieux conditionnés que je connoiſſe, & je ne les ai vu nulle part ailleurs.

1636.

42. *Il Coſmo, overo l' Italia trionfante.* St. *della Bella :* titre *in-folio*. On y voit un guerrier armé d'une épée & d'un bouclier, aux armes de Médicis, foulant aux piéds un roi renverſé par terre. Dans le lointain on apperçoit une armée traverſant une riviere pour venir au ſecours du roi terraſſé. Haut. 9 pou. 4 lig. larg. 6 pou. 9 lig.

43. *Sine orbibus orba :* frontiſpice *in-*4°. Deux anges qui ſoutiennent une couronne ; un rayon

1636.

de lumiere sortant de terre se divise en six branches qui soutiennent six globes en l'air (ce sont les armes de Médicis). Au bas de l'estampe, dans le lointain, on voit la ville de Florence, avec des armes de la maison d'Urbin sur le devant. *S. D. Bella.* Haut. totale 6 pou. 5 lig. larg. 4 pou. 8 lig.

44. Grand cartel d'ornement, formant une espece d'ovale en travers, séparé par trois mascarons. Au haut sont les armes de Médicis, avec cette devise : *quest' un soccorso.* Au bas est écrit, *immobili*. Aux deux côtés sont deux devises, l'une d'une galere antique, l'autre d'un moulin à vent. Ce grand cartel est vuide dans le milieu. Haut. 8 pou. 9 lig. long. 11 pou. 8 lig.

45. Un très-grand aigle, les ailes déployées, mordant dans une boule. Au dessous, dans un rond, deux chevaux échappés, & une grande multitude de spectateurs, avec cette devise : *jamès aultre.* Le bas de l'estampe paroît coupé. Hauteur de ce qui en reste à l'œuvre de la Belle du cabinet du Roi, 8 pou. 8 lig. long. 10 pou. 8 lig.

46. L'éventail (1), piece ovale en travers, ren-

(1) Il y a une copie de cette piece, faite librement par Noël Cochin, avec de grands changemens, soit dans les figures, soit dans les fonds, & dont les sujets sont retournés de droite à gauche. Quelques-uns donnent encore cette piece à la Belle, étant beaucoup dans sa premiere maniere. Il n'y a point de nom ni aucune lettre gravée à ces deux estampes.

1636.

fermée dans un cartel d'ornement, terminé par une queue. On y voit trois danſeurs & trois danſeuſes placés dans le milieu du ſujet; à gauche, des joueurs d'inſtrumens; à droite, multitude de ſpectateurs. Pluſieurs ont attribué cette piece à Callot (1); mais on a reconnu depuis qu'elle eſt certainement de la Belle, dans le tems qu'il vouloit imiter la maniere de ce maître. Il n'y a ni date ni nom de graveur. Hauteur, y compris la queue de l'éventail qui paroît coupée, 8 pou. long. en travers 15 pou.

47. Autre morceau à peu près de la même forme & grandeur que la précédente, & entouré auſſi d'une bordure pareille, mais qui ne paroît ni deſſiné ni gravé par la Belle. C'eſt une eſpece de carte topographique, où l'on voit le camp de quelques troupes dans une iſle, pluſieurs vaiſſeaux qui y arrivent, & plus loin deux armées navales rangées chacune ſur deux lignes en préſence l'une de l'autre, le tout accompagné de chiffres relatifs à une explication. Au bas eſt écrit en capitales, *Dedicata al ſign. D. Federigo Federici, Rᵉ di Vico.*

---

(1) Florent Lecomte la déſigne ainſi dans le catalogue qu'il donne de l'œuvre de Callot (tom. II, ſeconde partie, pag. 97) : « piece » en forme d'éventail, le cartouche finit en bas par un fleuron avec » du fruit; il y a entre autres trois hommes & trois femmes qui » danſent, & pluſieurs regardans, dont deux ſont aſſis ».

Quelques

1636.

Quelques curieux l'inferent dans l'œuvre de la Belle, sans doute à cause de la ressemblance de sa forme avec celle de la piece précédente; d'autres la donnent à Callot. La hauteur de celle-ci est de 8 pou. sur 11 de long.

1637.

Retour de la Belle de Rome à Florence.

48. *Ferdinandus II, Romanor. imper. semp. Aug.* Portrait ovale entouré d'un cartel renfermé dans une bordure quarrée, environné d'attributs de guerre. S. D. B. Estampe rare. Haut. 7 pou. 9 lig. larg. 5 pou. 9 lig.

49. *Essequie* (1) *della Maesta Cesarea del Imperadore Ferdinando II, celebrate dal Altezza Sereniss. di Ferdinando II, Granduca di Toscana, in Firenze, anno 1637. S. D. Bella.* Haut. totale 7 pou. 10 lig. larg. 5 pouc. 6 lig.

La même estampe dont le titre est changé; on lit sur celle-ci : *Orazione di Pietro Strozzi, recitata da lui publicamente nella chiesa di S°. Lorenzo nel*

---

(1) Ces cinq pieces de la pompe funebre de l'empereur Ferdinand II, faites à Florence, ainsi que le portrait & les armes du même empereur, sont beaucoup dans la maniere de Callot, parce qu'elles sont des commencemens de la Belle, lorsqu'il imitoit encore la façon de graver de ce maître. Elles sont rares à trouver belles d'épreuve, & font partie de la collection du cabinet du grand-duc.

L.

1637.

esequie celebrate alla Maestà, &c. *il di 2 d'Aprile 1637.*

50. *Facciata della chiesa per l'esequie della Maestà dell' Imperad. Ferdinando II. Anno 1637. Alphonsus Pariginus inven. Stefanus della Bella delin. & fecit.* Hauteur totale 8 pou. 10 lig. larg. 7 pou. 11 lig.

51. *Catafalco.* Titre d'une estampe quarrée, représentant la coupe du chœur de l'église de *S. Lorenzo*, & de ses deux bas-côtés, sans nom de graveur (1). Haut. totale de la planche 8 pou. 8 lig. larg. 8 pou. 2 lig.

52. *Veduta della chiesa per di dentro. Anno 1637* (2). Haut. 9 pou. 6 lig. larg. 7 pou. 11 lig.

53. Vue perspective du catafalque & de la décoration intérieure de l'église, avec les armes de Médicis au haut de la planche, sans aucun titre (3). Haut. 10 pou. 7 lig. larg. 7 pou. 9 lig.

54. Piece d'armoirie à la gloire de Ferdinand II, empereur. Estampe ovale dans un cartel, même

---

(1) Aux premieres épreuves, il n'y a écrit que catafalc, & même ces trois dernieres lettres ne sont que légérement tracées.

(2) Aux premieres épreuves on lit, *per di d....o*; les quatre lettres du milieu manquent.

(3) Aux premieres épreuves il n'y a aucune lettre ni nom de graveur; on voit seulement à droite le chiffre de la Belle, S. D. B. en trois lettres entrelacées; on y a gravé depuis à gauche, *Al. Parigini*, & à droite, *Stef. della Bella fecit.*

grandeur que son portrait ; c'est la suite de son catafalque. 1637.

55. Huit emblêmes pour la même pompe funebre, renfermées dans des cartels d'ornemens en hauteur.

 1. *Ut cantet tibi gloria mea.*
 2. *Fiducia fortitudinis.*
 3. *Dum adhuc ordirer.*
 4. *Juventus & patrius vigor.*
 5. *Parte tamen meliore mei.*
 6. *Digna tuis animis.*
 7. *Sic spes destituit.*
 8. *Umbræ transitus tempus nostrum.*

Hauteur de chacun des huit cuivres, 4 pou. 10 à 12 lig. larg. 3 pou. 8 à 9 lig.

56. *Descrizzione delle feste fatte in Fiorenza per le reali nozze de' Sereniss. sposi Ferdinando II, Granduca di Toscana, e Julia Vittoria della Rovere, principessa d'Urbino,* in-4°. *in Firenza,* 1637. Sur le titre de ce livre est un cartel en hauteur, des armes de Médicis écartelées de celles d'Urbin, lequel est dessiné & gravé par la Belle. Hauteur du cartel 3 pou. larg. 2 pou. 6 lig.

57. *Le nozze de gli Dei, favola rappres. in musica in Firenze nelle reali nozze di Granduchi di Toschana Ferdinando II, e Vittoria principessa d'Urbino, in Firenze,* 1637. *Alfon. Pariginus inv. Stef. della Bella delin. & fecit.* Frontispice in 4°.

1637.

sur lequel on voit l'ouverture d'un théatre, avec beaucoup de spectateurs assis sur le devant & très en petit.

Prima scena rapresentante Fiorenza.
Seconda scena. Selva di Diana.
Terza scena. Giardino di Venere.
Quarta scena. Di mare.
Scena quinta. D' inferno.
Sesta scena. Di tutto cielo.
Scena, grotta di Vulcano.
} *Alfonsus Pariginus inven. Stefanus della Bella delin. & fecit.*

Haut. totale de chaque planche, 7 pou. 6 lig. long. 10 pou. 5 à 9 lig.

58. *Figure della festa à cavallo rappresentata nel teatro del Ser^{mo}. Granduca di Toscana, il di 15 luglio, 1637.* Grande estampe représentant un cirque, avec un arc de triomphe dans le fond; elle est entourée de seize autres petites pieces où l'on voit des figures de ballets à cheval très en petit. Au bas de celle qui est au haut de l'estampe est écrit : *carro d' Amore.* Au bas de la grande du milieu, où est le titre ci-dessus, on lit : *Angelo Ricci invent. del ballo. Felice Gambrai. Ingeniore. Stefano della Bella delin. et fecit.* Haut. 12 pou. long. 16 pou. 5 lig.

59. Portrait à cheval de *Bernardino Ricci* (1);

___

(1) L'auteur Italien dit que ce portrait est très-ressemblant, ce qu'on n'a pas de peine à croire; mais il ajoute que cette estampe est gravée en 1651 : en cela il se trompe, car il y a 1637 sur l'es-

1637.

surnommé *il Tedeschino*, célebre bouffon de la cour de Ferdinand II, grand-duc de Toscane, dédié à la grande-duchesse. Dans le lointain est une vue de Florence. *S. della Bella inv. & fecit*, 1637. Haut. avec les vers italiens qui sont au bas, 13 pou. 6 lig. larg. 9 pou. 4 lig.

60. Portrait d'un sénateur Florentin, la tête nue, dans un ovale, autour duquel on lit : *anno ætatis LXIX*. Au bas est écrit : *exprimit autoris vultum pictura, sed autor ipse sui vires exprimit ingenii*. S. D. B. f. Du cabinet de M. de Dijonval.

1638.

61. *Prima institutione di Vall' ombrosa* : maison de Camaldules. Haut. 6 pou. 6 lig. larg. 5 pou. *Disegna della fabrica di Vall' ombrosa. Fonte & Oratorio della fonte* : deux petites vues gravées sur la même planche. Même dimension que la précédente. Ces deux estampes sont fort rares.

62. Le marché ou la halle, avec le petit chien à qui un homme apprend à se tenir debout. Estampe gravée dans le goût de Callot. Dans le fond à droite est un chanteur de cantiques. Haut. 3 pouc. 6 lig. long. 8 pou.

---

tampe ; d'ailleurs la dédicace à la princesse *Vittoria* d'Urbin, qui est au bas de cette gravure, donne lieu de croire que c'est une suite des réjouissances qui se firent alors à Florence pour le mariage du grand-duc avec cette princesse.

1638.

63. Deux petites vues de payſages longuets. Sur l'un eſt un payſan qui porte ſur ſon épaule un panier au bout d'un bâton ; dans l'autre eſt un autre payſan qui porte un gros paquet ſur ſa tête & ſur ſon dos. Haut. de chacune 3 pou. long. 5 pou.

64. Trois enfans grouppés ſinguliérement, portant un plat ſur lequel ſont trois verres. *Guidus Renus Bononienſis invent. S. D. Bella fecit.* Haut. 5 pou. 10 lig. larg. 4 pou. 10 lig.

1639.

Retour de la Belle de Florence à Rome.

65. *Santo Antonio da Padua :* un enfant tout nud, aſſis par terre, ſoutient le milieu d'une pancarte que ce ſaint tient des deux mains. *Gio: Francſco. da centi detto il Guercino inv. Fr. Collignon excudit* (1), *cum privil. Regis.* Il faut l'avoir avant cette écriture. Haut. ſans la lettre, 5 pou. 1 lig. larg. 4 pou. 9 lig.

66. Grande theſe ſoutenue à Rome pour la canoniſation du bienheureux François *Solanus*, cordelier, apôtre du Perou. On lit au bas : *diſputabuntur, &c. Romæ, Kalendis Junii, Anno* 1639. S.

---

(1) Le nom de Collignon, qui eſt au bas de l'eſtampe, a fait croire à quelques curieux qu'elle étoit gravée par lui ; mais il eſt facile d'y reconnoître toute la maniere de la Belle. D'ailleurs le mot *excudit* qui ſuit ſon nom, fait voir qu'il n'en étoit que le marchand, & non pas le graveur.

1639.

D. B. Ce morceau est fort rare. Haut. 18 pou. 9 lig. larg. 13 pou. 8 lig.

67. Grande estampe en forme de these, d'ornemens & de figures, dont le milieu représente le système planétaire suivant Copernic. Au-dessus est écrit : *mens agitat molem*. Au haut on voit deux anges tenant chacun un pigeon qui boivent ensemble dans un même calice. Au bas, deux anges volans qui attachent une guirlande. *S. della Bella inven. J. Girardin Parisinus sculps. Romæ.* Haut. 12 pou. 7 lig. long. 15 pou. 9 lig.

68. Saint Prosper, évêque, descendant du ciel, une épée nue à la main, accompagné de plusieurs anges ; au-dessous on voit une armée mise en déroute ; & dans les lointains une ville assiégée, que l'on croit être celle de *Regio* en Italie, dont saint Prosper a été évêque. On voit au-dessous de l'estampe une antienne & une oraison à ce saint, en latin. *S. D. Bella in. & fe.* Il y a ordinairement au bas, des armes & une grande draperie, sur laquelle est écrit : *Ill. Domino D^{no}. Co. Francisco Calcaneo basilicæ S. Prosperi Regii præposito vigilant. S. D. Bella D. D.* Cette estampe est extrêmement rare, mais elle l'est encore plus avant cette inscription latine, & avant les armes & cette draperie, qui ont été gravées après coup par la Belle. Haut. avec la lettre & l'inscription, 8 pou. 10 lig. long. 13 pou.

1639.

69. Vue perspective du chœur d'une église, très en petit, dans un ovale en hauteur; on voit le rond point de l'église dans le fond. Hauteur de l'ovale, 2 pou. 9 lig. larg. 2 pou. Quelques-uns donnent cette estampe à Callot; mais elle paroît plutôt de la Belle, & elle se trouve au cabinet du Roi, dans le volume de supplément de l'œuvre de Silvestre & de la Belle, qui a appartenu à M. l'abbé de Marolles.

70. Deux écrans en *rebus*, ou logogryphes de proverbes italiens, dont le sujet est l'Amour & la Fortune, disposés sur de grandes draperies renfermées dans des ovales. Hauteur totale de chaque ovale avec sa queue, 10 pou. 6 lig. larg. 7 pou. 7 lig.

Rebus de l'écran de l'Amour.

Ove è amore è fede.
Amore è solecito e secreto.
Dove è amore è gelosia.
Amore è cieco e vede di lontano.
L' Amore passa il guanto e l' acqua li stivali.
Amore, amore, tu sei la mia rovina.

Rebus de l'écran de la Fortune.

Fortuna è dormi.
Ogni uno balla a chi la fortuna suona.
Chi a la fortuna ogni tantino di chiave, basti.
Ogni uno sa navigar quando è sotto il vento.
Migliore è un' oncia di fortuna che due lire di sapere.
Più fortuna che testa.

1639.

Je dois le déchiffrement de ces deux especes d'énigmes italiennes à M. Conti, ancien professeur de langue italienne à l'Ecole royale militaire. J'en aurois donné l'explication en françois, si je n'avois craint de blesser l'amour-propre des artistes & des amateurs, pour qui cet ouvrage est fait, parmi lesquels il y en a très-peu qui ne connoissent la langue italienne, & qui n'aient même fait quelque séjour en Italie.

1640.

71. *La selva di cipressi, opera lugubra di Margherita Costa, Romana. All' excellent. sig. Carlo di Lorena, Duca di Ghisa. Nella stamperia nuova del Massi è Landi. Con licenzia de' superiori.* 24 di giugno, 1640. Frontispice *in-*4°. Haut. totale 6 pou. 6 lig. larg. 4 pou. 9 lig.

72. Le portrait au naturel de Marguerite *Costa*, dessiné & gravé par la Belle : petit ovale renfermé dans un cartel d'ornement de 6 pou. 9 lig. de haut sur 4 pou. 10 lig. de larg.

Voyage d'Etienne de la Belle en France.

73. Frises, feuillages & grotesques faites par *Stef. della Bella. Collignon excud.* (1) *cum privil. Regis.* Huit petites pieces qui ne sont point numé-

---

(1) Sur d'autres épreuves de ce titre on lit : *Jacques Van-Merlen excud.* Mais Collignon est le premier qui ait vendu cette suite.

M

1640.

rotées. Hauteur du cuivre de celle où est le titre, 2 pou. 2 lig. long. 4 pou. 6 lig.

1641.

74. Mirame, tragi-comédie. A Paris, chez Henri Legras, au palais, 1641, avec privil. du Roi. Six planches de pareille grandeur, dont la premiere est le titre, où est écrit: *ouverture du théatre de la grande salle du palais Cardinal*. Les cinq autres estampes représentent les cinq actes de cette piece; tous les devants & le fond du théatre restent les mêmes, il n'y a que les personnages qui changent. Au haut du corps d'architecture qui sert de passe-partout aux six planches, on voit les armes du cardinal de Richelieu. Ces six morceaux sont assez rares, & du bon tems de la Belle. Haut. avec ce corps d'architecture, 10 pou. 10 lig. long. 15 pou. 5 lig. Hauteur des six planches sans ce passe-partout, 6 pou. 8 lig. long. 10 pou. 1 lig.

75. Divers desseins, tant pour la paix que la guerre (1), faits par la Belle, & dédiés à M. le

---

(1) Le titre sembleroit annoncer aussi quelques estampes relatives à la paix: on ne connoît cependant de cette suite que les six détaillées ici, soit que la Belle ait été interrompu par quelqu'autre ouvrage, soit qu'il n'ait pas eu dessein d'en faire davantage. Dans l'œuvre de la Belle, appartenant à M. de Dijonval, on voit une septieme piece qui paroît dépendre de cette même suite, c'est un combat naval. On y voit deux galeres qui attaquent un gros vaisseau; dans le lointain à gauche, deux autres galeres attaquant un autre bâtiment; à droite,

marquis de Maulevrier, en six pieces non chiffrées ; à Paris, chez Israël. Au bas de la premiere, qui représente l'entrée d'une forteresse, où est le titre, on lit : *& pace & bello*. Sur la seconde & la troisieme sont des conduites de canons. La quatrieme est un combat de cavalerie. Sur la cinquieme & la sixieme on voit des combats de galeres. Haut. 4 pou. long. 9 pou. 4 lig.

76. Recueil de diverses pieces très-nécessaires à la fortification, fait par *Stef. della Bella*, mis en lumiere par Israël Henriet, à Paris, en quatorze feuilles, y compris le titre, sans être numérotées. Haut. 3 pou. 3 lig. larg. 2 pou. 7 lig. La planche du titre est un peu plus grande. En voici le détail.

1. Le titre dans un cartel en hauteur, entouré d'attributs militaires.
2. Un mortier couché à plat par terre.
3. Un mortier & un canon, montés chacun sur leur avant-train.
4. Petits corps de troupes à pied & à cheval, rangés en ordre de bataille.
5. Un piquier à gauche, & un soldat à droite portant un drapeau.
6. Trois soldats, dont un piquier à gauche & deux fusiliers à droite.

---

une cinquieme galere. Haut. 4 pou. 9 lig. long. 9 pou. 4 lig. Cette estampe, qui paroît dans le goût de la Belle, n'est point de lui, mais de *Bazicalva*. Nous en parlerons à la page 93.

1641.

7. Deux piquiers faifant l'exercice.

8. Un piquier monté fur le parapet d'une fortification en terre; plufieurs foldats au-deffous.

9. Deux canons montés fur leurs affûts, vus de côté.

10. Deux foldats avec fufils, & un troifieme à droite battant de la caiffe.

11. Un canon dans une batterie formée par des gabions.

12. Deux canons montés fur leurs affûts, vus par derriere.

13. Trois foldats jouant aux dés fur un tambour.

14. Plufieurs pauvreffes ou vivandieres portant leurs enfans, debout & affifes.

77. Les quatre faifons: en quatre petites eftampes en hauteur, contenant chacune une figure debout dans un ovale entouré d'un cartel. *Ifraël excudit.* Haut. 3 pou. 5 lig. larg. 1 pou. 10 lig.

78. Divers payfages faits par *S. della Bella*, & mis en lumiere par Ifraël: en quatre feuilles longuettes, fans être chiffrées. Les trois premieres repréfentent des pays montagneux; la quatrieme, un combat de plufieurs galeres. Haut. 2 pou. 10 lig. long. 6 pou. 6 à 10 lig. La planche du titre eft un peu plus petite, & la quatrieme a 7 pou. de long.

79. Deux petits payfages longuets, dans le goût de Silveftre, fur l'un defquels on voit un homme qui conduit des chiens dans un bois; fur l'autre, un cheval chargé de moutons, un chien qui le

1641.

suit; un homme & un chien le précedent. Haut. 3 pou. 1 lig. long. 5 pou. 7 lig.

80. Quatre payſages en long, non chiffrés, deſſinés par la Belle & gravés par Goiran. Un de ces quatre payſages repréſente la vue d'un port de mer; à gauche on voit une forterefſe, dont l'entrée eſt défendue par deux tours rondes; à droite, pluſieurs vaiſſeaux dont on ne voit que la pouppe. *Iſraël excudit cum privil. Regis*. Haut. de l'eſtampe 3 pou. 4 à 5 lig. long. 7 pou. 4 lig.

On fera ſeulement mention ici de quatre pieces en travers, que quelques amateurs placent mal à propos dans l'œuvre de la Belle, & qui ne ſont point de cet artiſte; deux de ces eſtampes repréſentent des combats de cavalerie; la troiſieme, un combat de deux galeres contre un gros vaiſſeau, dont nous avons donné la deſcription dans la note qui eſt au bas de la page 90; & la quatrieme, des cavaliers qui s'enfuient après la perte d'une bataille. Au bas de cette derniere on lit : *Ercole Baʒicalva Fiorentino inventor è fecit* (1). 1641....

─────────────

(1) Les mots *Baʒicalva inventor fecit*, prouvent clairement que la Belle n'a aucune part à ces eſtampes ; d'ailleurs, en les examinant un peu, on s'apperçoit facilement qu'elles tiennent beaucoup plus de la maniere de Callot que de celle de la Belle, mais qu'elles ne ſont ni de l'un ni de l'autre de ces artiſtes. Enfin elles ſont faites à Florence en 1641, & chacun ſait que Callot étoit mort en 1635, & que la Belle étoit parti pour Paris dès l'année 1640.

1641.

Donato fupriano Forma. Haut. 4 pou. 8 à 9 lig. larg. 9 pou. 4 à 6 lig.

81. Œuvres poétiques du fieur Defmarets, confeiller du Roi, &c. A Paris, chez Henri Legras, au Palais, *in-*4°, 1641. Ce titre eft écrit fur le pavillon d'une trompette, qu'une mufe affife tient de la main gauche; un génie debout à côté d'elle accorde un lut.

82. Dendrologie, ou la forêt de Dodonne, par Jacques Howel, *in-*4°. A Paris, chez la veuve Camufat, 1641. Il y a dans ce livre trois planches *in-*4°, deffinées & gravées par la Belle, repréfentant la premiere huit arbres, la feconde huit autres arbres, & la troifieme quatre grouppes d'arbres, fans aucun titre ni lettre que *Sylva Dodonæa, arbores vocales.* Au pied de quelques-uns de ces arbres on voit des fatyres affis par terre. Il y a deux autres planches dans ce livre, qui ne font point de la Belle, mais de Mellan & d'Abraham Boffe : ces eftampes font fort rares, ainfi que le livre où elles fe trouvent, qui eft un difcours politique & fatyrique contre toutes les puiffances de l'Europe, fous le nom de différens arbres. L'Angleterre, par exemple, y eft défignée par le chêne; la France, par la vigne; l'Efpagne, par l'olivier; l'Empire, par le cedre; le Pape, par le lierre; les Eccléfiaftiques, par l'if; la Turquie, par la ronce, &c.

1642.

83. Le repofoir, dédié à M. Tubeuf, baron de Vert, préfident en la chambre des comptes, &c. par *B. D. Amico. S. D. Bella fec.* Piece recommandable, & rare à trouver bonne épreuve ; elle eft regardée à jufte titre comme un des plus beaux morceaux de ce maître. Haut. avec les armes & la dédicace, 12 pou. 6 lig. long. 18 pou.

84. Agréable diverfité de figures faites par *S. D. Bella*, à M. Artus Gouffier, marquis de Boify, 1642. A Paris, chez Ifraël Henriette, en treize pieces chiffrées, y compris le titre (1). Haut. 2 pou. 8 lig. long. 3 pou. 6 à 10 lig.

1. Le titre, entouré d'un cartel formé par deux palmes.

2. Vue de l'entrée de la place Dauphine, du côté du pont-neuf.

3. Vue de l'intérieur de la place royale, & de la ftatue équeftre de Louis XIII.

4. Vue d'une forêt, avec une chaffe au cerf.

5. Les pélerins qui fe repofent.

6. Les nourrices affifes par terre, avec leurs nourriffons.

---

(1) Aux premieres épreuves, les planches cottées 2 & 3 doivent être fans lettres ; les titres qu'on voit à préfent au haut de ces deux planches, favoir *la Place Dauphine*, & *la Place Royale*, n'y ont été ajoutés que long-tems après que cette fuite a été mife en vente, & qu'elle a été retouchée. Ces deux petites vues font extrêmement jolies, & toute la fuite eft du mieux de la Belle.

1642.

7. Conversation de Messieurs & de Dames, assis par terre.

8. Les chevaux dans le pâturage.

9. Les deux petites chevres dans un paysage aride.

10. Un cavalier avec une dame en crouppe derriere lui ; un homme à pied qui le suit.

11. L'âne qui se repose ; dans le lointain un moulin à vent, dont les ailes sont brisées.

12. Le soldat avec son fusil, voyageant à cheval.

13. Les deux piquiers qui voyagent à pied.

85. Livre de plusieurs petits caprices, en 13 feuilles non chiffrées, compris le titre, sur lequel est écrit : *Caprice faict par de la Bella, & mis en lumiere par Israël.* Haut. 2 pou. long. 3 pou. 1 lig.

1. Le titre, entouré d'un cartel formé par des ornemens & des bandes roulées.

2. Un soldat voyageant à cheval, un autre à pied qui le suit.

3. Trois soldats piquiers debout qui conversent ensemble.

4. Un cavalier qui voyage vers la droite.

5. Des cavaliers & cavalieres qui font boire leurs chevaux dans une riviere.

6. Des pélerins & voyageurs assis ; dans le lointain à droite une vieille tour ronde ruinée.

7. Une pauvresse assise, ses enfans à côté d'elle, un chien à ses pieds.

8. Une pauvresse debout, portant son enfant sur son dos, un autre qui se traîne à terre.

9. Une pauvresse debout, portant son enfant devant elle, un autre enfant qui la regarde.

DE LA BELLE.
1642.

10. Deux pauvres debout, un cul-de-jatte à leurs pieds.

11. Un pauvre vieillard assis par terre, les jambes alongées, dessiné en grand.

12. Deux chevres couchées, d'autres dans le lointain.

13. Petite marine; sur la gauche une tour ruinée.

86. Diverses exercices de cavalerie, dédiés à M. d'Estissac, enfant d'honneur du Roi, fait par S. D. Bella. *Israël excudit.* En dix-neuf pieces, y compris le titre, sans être numérotées. Haut. 3 pou. 3 lig. larg. 2 pou. 6 lig.

1. Un cheval avec sa couverture, & un palefrenier qui le tient à l'entrée d'une écurie.

2. Un trompette à cheval.

3. Deux tambours à cheval.

4. Un cavalier vu en face; troupe de cavaliers dans le lointain.

5. Un cavalier qui va à gauche au pas; dans le lointain deux cavaliers qui se battent à coups de pistolets.

6. Un cavalier enveloppé de son manteau, qui parle à un homme à pied; marche de troupe d'infanterie dans le lointain.

7. Cavalier qui va au pas vers la droite; autre cavalier dans le lointain.

8. Cavalier tournant le dos & faisant cabrioler son cheval; dans le lointain à gauche un cavalier sur un cheval qui voltige; à droite un autre qui galope.

9. Cavalier tourné à droite, qui fait cabrioler son cheval; des jardins dans le lointain.

1642.

10. Cavalier avec casque & cuirasse, tenant sa lance droite.

11. Cavalier l'epée à la main, qui court au grand galop vers la droite; dans le lointain une chasse au cerf.

12. Mousquetaire à cheval, courant vers la gauche; plusieurs autres dans le lontain.

13. Commandant à cheval donnant ses ordres; plusieurs cavaliers dans le lointain, dont deux font le coup de pistolet.

14. Cavalier qui court en avant, l'épée à la main; autres cavaliers dans le lointain.

15. Cavalier avec sa dame en crouppe, qui va en avant; autres dans le lointain.

16. Deux cavaliers qui se battent au pistolet.

17. Jument qui donne à tetter à son poulain.

18. Combat de plusieurs chevaux.

19. Cheval mort que l'on écorche.

1643.

87. Grande figure seule d'un pantalon ou scaramouche jouant de la guitarre, gravée au burin par Rousselet. Le fond, qui est des plus jolis, est dessiné & gravé par la Belle; il représente une vue de la pointe de l'isle du palais, le pont-neuf, &c. avec diverses petites figures très-spirituelles. Haut. 8 pou. 11 lig. larg. 7 pou. Cette piece est très-rare.

88 Diverses paysages mis en lumiere par Israël, dédiés à Mgr. & tr. ill. prince Louis de Bourbon,

1643.

duc d'Anguien, en douze feuilles longuettes numérotées. Haut. 4 pou. long. 9 pou. 5 lig.

1. La dédicace au duc d'Enguien.
2. La payſanne qui ſe déchauſſe pour paſſer l'eau.
3. Les voyageurs qui paſſent la riviere à cheval.
4. Les pélerins qui regardent des ruines.
5. La chaſſe au cerf dans l'eau.
6. Le pêcheur qui porte ſon échiquier.
7. Les barques ſur le bord de la mer.
8. Les deux galeres & les deux petites chaloupes.
9. Les deux couriers à cheval.
10. Le moulin à vent ſans voiles.
11. La bergere qui file en gardant ſon troupeau.
12. Le deſſinateur aſſis, & le pâtre debout qui le regarde, appuyé ſur ſon bâton.

89. Petit livre de quatre payſages longuets, chiffrés à droite. *Stef. della Bella inven. Fr. Collignon fecit. Mariette excudit.* Haut. 3 pou. 9 lig. long. 7 pou. 6 lig.

1. Le pêcheur à la ligne, aſſis ſur le bord de l'eau.
2. Le pâtre qui fait marcher ſon troupeau.
3. Le moulin à vent ſans voiles; ſur le devant un homme aſſis qui lit.
4. Le moulin à vent armé de ſes voiles; ſur le devant pluſieurs hommes aſſis par terre en rond; un cheval ſeul qui pait.

90. Autre petit livre de quatre payſages longuets, chiffrés à gauche. *Stef. della Bella inv. Fr. Collignon fecit. Mariette excudit.* Même grandeur que les quatre précédens.

1643.

1. Une barque fur le côté, fur le bord de la mer.

2. Un coche plein de voyageurs ; deux cavaliers qui précedent.

3. Un homme & une femme affis, des chevaux & des vaches dans un pâturage.

4. Vue d'un pont de bois à fix arches, terminé par un moulin à eau fur une riviere.

91. Portrait de Louis XIII à cheval : *Petrus Daret fculpfit*, 1643. Dans le lointain on apperçoit le fiege d'une ville, très en petit ; il n'y a que ce fond qui foit de la Belle. Haut. 9 pou. 6 lig. larg. 7 pou. 2 lig.

1644.

92. Deffeins de quelques conduites de troupes, canons, & attaques de villes : faictes par de la Belle ; dédiés à M. Henri du Pleffeys, comte de la Roche-Guyon, par Ifraël. Il y a douze feuilles qui ne doivent point être numérotées (1), & il ne doit point y avoir de dédicace écrite fur le mur à la planche 2. Haut. 2 pou. 1 lig. long. 4 pouc. 7 lig.

1. Le titre écrit fur une draperie, avec des armes qui en relevent le bas.

---

(1) Dans l'œuvre de la Belle, qui eft au cabinet du Roi, ces douze planches font numérotées, mais les premieres épreuves ne doivent point l'être ; il doit auffi y avoir quelques différences à une de ces douze eftampes. Cette fuite eft une des plus jolies de tout l'œuvre de la Belle.

1644.

2. L'entrée d'une forteresse ; à gauche un soldat assis par terre, &c.

3. Un charriot, dont les chevaux sont détélés pour manger.

4. Combat de cavalerie.

5. Conduite d'un canon sur un terrein qui va en montant.

6. Marche de cavaliers qui passent une riviere à gué.

7. Deux soldats debout qui conversent; à droite un cheval mort avec sa charge sur le dos.

8. Conduite de plusieurs canons dans une plaine.

9. Canon monté sur son affût, avec son avant-train ; grouppe de soldats assis par terre, un sentinelle debout qui les regarde.

10. Divers soldats faisant le service du canon.

11. Petite vue extrêmement jolie des attaques d'une ville assiégée.

12. Troupes qui défilent pour entrer dans une ville ; sur le devant un trompette à cheval.

93. Paysages maritimes faits par *S. D. Bella*, & mis en lumiere par Israël : six feuilles numérotées à gauche, sans y comprendre le titre. Haut. 2 pou. 6 à 10 lig. long. 4 pou. 8 lig. La planche du titre est un peu plus longue que les autres.

Le titre gravé dans un cartel formé par des dauphins.

1. Un port de mer avec quelques galeres sur la droite ; à gauche dans le lointain un soleil couchant.

2. Un vaisseau faisant voiles ; trois autres plus loin.

3. Une galere qui va à rames ; sur le bord de la mer une chaloupe & quelques matelots.

1644.

4. Une galere arrivée au port & couverte de sa grande banne.

5. Deux vaisseaux qui mettent à la voile; à droite, partie d'un troisieme vaisseau dont on ne voit que l'avant.

6. Vaisseau qui vogue à toutes voiles; autres vaisseaux dans le lointain à droite; à gauche, un fanal fait de deux perches, au bout d'une jettée.

94. Divers embarquemens faits par *S. D. Bella*, & mis en lumiere par Israël: sept feuilles numérotées, sans le titre. Haut. 2 pou. 7 lig. long. 6 pou. 2 lig. La planche du titre est plus haute & plus longue que les autres.

Ces trois suites sont du meilleur tems de la Belle.

Le titre dans un cartel, accompagné de deux enfans montés chacun sur un dauphin.

1. Vue d'une forteresse sur le bord de la mer, avec beaucoup de soldats.

2. Vue de plusieurs vaisseaux en rade.

3. Vue d'un port de mer où l'on travaille à charger des vaisseaux.

4. Vue d'une forteresse & d'un port de mer où il fait grand vent.

5. Départ d'une galere; à gauche un pays de montagnes.

6. Tempête où plusieurs galeres sont en grand danger.

7. Petite chaloupe que l'on charge pour un grand vaisseau qui est dans le lointain à droite.

1645.

95. Portrait d'Osman, fils d'Ibrahim, empereur des Turcs, & de la sultane sa mere, pris sur un galion Turc par six galeres de Malthe, le 28 septembre 1644. Ce portrait, apporté de Malthe, est gravé en 1645 par Théodore-Jean *Van-Merlen*, d'après le dessein de la Belle. L'estampe est séparée en deux parties dans son milieu par un long discours gravé sur une bande de quatre pouces de large. Haut. de l'estampe avec la bordure, 12 pou. long. 21 pou. 8 lig.

96. Le char de triomphe consacré à la gloire de Louis XIV (1), roi de France & de Navarre : grande estampe en longueur, où l'on voit Louis XIV enfant assis dans un char sans roues, ayant la forme d'un vaisseau, traîné par un seul cheval sur lequel est monté un Amour sous la forme de Mars. Au-dessous il y a douze vers françois. *Fr. Collignon fecit.* Haut. de l'estampe sans les vers, 8 pou. 10 lig. long. 15 pou. 6 lig.

97. Carte méthodique, & introduction succinte à la connoissance des premieres regles du blason, &c. Au Roi & à la Noblesse de France, par Marc

---

(1) Florent Lecomte fait deux fautes essentielles dans la description de cette estampe qu'il indique ainsi : *grande piece historique en hauteur, est écrit le char de triomphe consacré à la gloire de Louis XIII, &c.* 1°. La piece est en travers, & non pas en hauteur. 2°. Il ne s'agit pas ici de Louis XIII, qui étoit mort en 1643, âgé de quarante-deux ans, mais de Louis XIV enfant, qui avoit alors sept ans.

1645.

de Vulson, sieur de la Colombiere. Au haut de la carte il y a deux sujets de figures dans de grands ronds de 6 pouces de diametre, sans la bordure. Dans l'un, c'est Louis XIV enfant, à qui l'auteur présente cette même carte : celui-ci est entouré d'une grosse bordure de feuilles d'olivier. L'autre rond est entouré de palmes : on y voit un général François dans son camp à la tête de ses officiers, à qui l'on présente une pareille carte. Le reste de la planche est occupé par des principes de blason, entre-mêlés de gens armés à pied, à cheval, & de diverses autres figures. Aux premieres épreuves, il y a au bas de la carte : à Paris, chez Michel *Van-Lochon*, 1645. On y a gravé depuis le nom de Pierre Mariette. Haut. totale 20 pou. 6 lig. larg. 16 pou.

98. Table du cri de guerre & de la devise, par Vulson de la Colombiere, &c. On y voit seize hérauts à cheval, armés de toutes pieces, avec leurs armes, noms & devises. Même grandeur que la précédente ; on y voit aussi les mêmes adresses.

99. *Montjoye Saint-Denis* : roi d'armes de France. Dans le lointain est la pompe funebre d'un prince, dont on conduit le corps à Saint-Denis. S. de la Belle *fecit*. Morceau rare & du bon tems de cet artiste. Haut. avec le titre 6 pou. larg. 4 pou.

100.

1645.

100. Frontispice *in·*4°, pour le tome IVe de l'histoire-sainte du P. Nicolas Talon, Jésuite, représentant la Judée captive, délivrée par deux génies. *S. della Bella inven. M. Natalis fecit.* Haut. 7 pou. 6 lig. larg. 5 pou. Cette estampe a été réimprimée en 1659, avec un cartouche qu'on y a ajouté, qui n'est point de la Belle.

101. *Feste theatrali per la finta pazza, drama del sig. Giulio Strozzi, rappr. nel piccolo Borbone, in Parigi, quest' anno* 1645, *et da Giacomo Torelli da Fano inventore, dedicate ad Anna d'Austria, regina di Francia regnante.* Frontispice *in-folio.* Le fond, qui représente une vue de la pointe de l'isle du Palais, & une partie du quai du Louvre, est dessiné & gravé par la Belle. Haut. 11 pou. 4 lig. larg. 8 pou. 8 lig.

102. Cinq décorations théatrales pour la piece ci-dessus, au bas desquelles on lit : *Iacomo Torelli da Fano inven. N. Cochin fecit.* Ces cinq planches sont gravées par N. Cochin, d'après les desseins de la Belle. Haut. de chaque estampe 8 pou. 6 lig. long. 11 pou.

1. On voit sur celle-ci de grands termes de femmes, terminés en gaîne par le bas, qui portent l'architecture d'une espece de berceau champêtre ; au milieu du théatre, qui représente un jardin, est une petite fontaine jaillissante.

1645.

2. L'entrée d'un palais décoré de colonnes d'ordre dorique à bandes ; au-dessus de chacune est un vase de fleurs.

3. Un port de mer ; à droite, on voit une grosse tour ronde & plusieurs vaisseaux rangés dans le port ; à gauche, les murs d'une ville dont l'enceinte est fortifiée par des tours rondes ; dans le fond, le Pont-neuf, l'entrée de la place Dauphine, & les deux quais adjacens : c'est une vue de Paris. Sur le devant, Thétis sur la mer, dans un char traîné par deux dauphins. Dans le ciel, Pallas & Junon.

4. Une forêt de pins ; au milieu du ciel, une femme soutenue en l'air sur des nuages par trois anges ; au-dessus, les armes de la France portées par des Amours ; à gauche, Vénus dans un char traîné par deux Amours ; en bas, sur le devant du théatre, trois anges qui regardent ce qui se passe dans le ciel.

5. Une place publique décorée de beaux édifices ; tout le ciel est occupé par l'assemblée des dieux.

103. *Balletti d'invenzione nella finta pazza, da Gio: Bat.ta Balbi. Valerio Spada fecit.* Ces ballets ont été représentés en intermedes dans les entre-actes de la piece précédente, en présence de la Reine-Mere, de Louis XIV enfant, & de toute la cour, en 1645, sur le théatre du petit Bourbon, aujourd'hui la comédie Italienne.

Le titre entouré d'une espece de cartel formé d'ornemens très-bisarres.

Premiere entrée en six planches numérotées : des balayeurs, des meneurs d'ours, & des singes.

1645.

Seconde entrée auſſi en ſix planches numérotées : ballets des ſix autruches en différentes attitudes.

Troiſieme entrée en ſix planches numérotées : ballets de huit Indiens & de cinq perroquets.

Ces dix-neuf pieces ont 3 pou. 9 à 10 lig. de hauteur, chacune, ſur 5 pou. 2 à 3 lig. de long. Cette ſuite eſt fort rare, ainſi que les eſtampes ſuivantes.

104. Trois petites eſtampes en travers, l'une de quatre joueurs de gobelets, qui jettent pluſieurs balles en l'air ; l'autre, de deux lutteurs qui vont ſe battre à coups de poings ; la troiſieme, de quatre lutteurs grouppés deux à deux : le tout, ainſi que les précédentes, ſans lettres ni nom de graveur, de même grandeur que les dix-neuf ci-deſſus, dont elles font une ſuite. Toutes ces pieces ſont très-rares.

105. *Il nino figlio, tragedia* : frontiſpice *in-*4°, repréſentant le devant d'un théatre, la toile abaiſſée ; on voit au bas ſur le devant une grande foule de ſpectateurs debout, d'autres aſſis par terre ; au haut ſont les armes de France écartelées avec celles de l'Empire, & celles du Pape dans le milieu de l'écu. *S. Della Bella.* Haut. 7 pou. larg. 4 pou. 8 lig.

106. *Li buffoni, comedia ridicola, di Margherita Coſta, Romana* : frontiſpice *in-*4°. On y voit un théatre repréſentant une place publique ; ſur le

O ij

1645.

devant, deux hommes renfermés dans des cages tournantes, avec plusieurs bouffons autour d'eux; plus loin, des acteurs qui jouent une comédie: sans nom ni lettres. Hauteur totale du cuivre, 6 pou. 8 lig. larg. 4 pou. 9 lig.

107. Départ de Jacob de chez Laban, emmenant Rachel & tous ses bestiaux. Petite estampe en travers, du bon tems de la Belle. Haut. 2 pou. long. 4 pou. 5 lig.

108. Voyage de Jacob pour aller trouver Joseph en Egypte, avec ses troupeaux & toute sa famille. *Stef. della Bella inv. & fecit, cum privilegio regis.* Il faut l'avoir avant les deux vers françois gravés au bas: *Jacob, sur ses vieux jours, &c.* Haut. 6 pou. 9 lig. long. 10 pou.

109. *Varie figure di Stef. della Bella.* Livre de divers combats & exercices, en huit planches qui ne sont point chiffrées; au bas de toutes on lit: *Stef. della Bella Florentinus fecit. Ciartres excud. cum privil. Regis.* Haut. 4 pou. long. 5 pou. 10 lig.

1. Le titre, où l'on voit une bataille sur un pont.
2. Vue du château & du pont Saint-Ange à Rome.
3. Marche d'une armée & de ses bagages dans une plaine.
4. Escarmouche, ou combat de cavalerie.
5. Le manege.
6. Embarquement sur une galere.
7. Les deux galériens debout; un troisieme assis au

1645.
pied d'un tonneau debout, fur le bord de la mer.

8. Le pâtre & les bufles.

110. Les huit moyennes marines gravées par la Belle à Rome en 1634, & recommencées à Paris en 1645, avec la même dédicace au prince Laurent de Médicis, avec cette différence que cette fuite, qui eft mieux gravée, eft numérotée, & qu'on a gravé à gauche, foit au haut ou au bas de chaque planche, *F. L. D. Ciartres excudit cum privil.* Haut. 4 pou. 6 lig. long. 7 pou. 6 lig. Aux dernieres épreuves de cette fuite, qui ont été retouchées, on a effacé cette adreffe, pour tâcher de leur donner un air d'ancienneté; mais il eft facile de s'appercevoir de cette rufe.

Sujets des huit moyennes marines.

1. Un porte-faix, portant fur fes épaules une caiffe ferrée avec des cordages, fur laquelle eft écrit la dédicace : *al fer. principe*, &c. Plufieurs forçats qui le regardent; dans le lointain, plufieurs vaiffeaux & galeres.

2. Grouppe de Turcs qui converfent enfemble à droite fur le rivage; plus loin, plufieurs barques & vaiffeaux.

3. Trois hommes debout au milieu de l'eftampe fur le rivage; à droite, plufieurs vaiffeaux.

4. A droite, une grande galere dont on ne voit qu'une partie; au milieu, grouppe de plufieurs

1645.

hommes debout fur le rivage ; autre groupe de vaiffeaux à gauche dans le lointain.

5. Au milieu de l'eftampe, une chaloupe pleine d'hommes qui vont s'embarquer fur un grand vaiffeau qu'on voit à droite dans le lointain ; grouppe de fpectateurs fur le rivage à gauche.

6. Barque pleine de monde fur le devant ; dans le fond, plufieurs galeres.

7. Combat naval entre plufieurs barques & galeres.

8. A gauche, une galere qui arrive dans le port, quelques chaloupes pleines de monde qui rament pour y aborder ; à droite, un grouppe de plufieurs vaiffeaux.

111. **Vues & perfpectives nouvelles**, tirées fur les plus beaux lieux de Paris & des environs : à Paris, chez Ifraël, &c. 1645. *Goyran fecit.* En huit eftampes numérotées. Hauteur avec la lettre gravée au bas, 4 pou. 5 à 9 lig. long. 9 pou. 3 lig.

1. Le titre : fur le devant eft un cube de pierre avec bas-relief, deux vafes antiques pofés deffus, & trois hommes qui les examinent. Aux premieres épreuves il n'y a point de bas-relief.

2. Vues & perfpective du cours de la Reine-Mere.

3. Vues & perfpective de l'églife & de la cour du Temple.

4. Vues & perfpective de la tour de Nefle & de l'hôtel de Nevers.

5. Vues & perfpective de l'églife faint Martin des Champs.

6. Vues & perfpective de l'églife Notre-Dame de Boullongne.

1645.

7. Vues & perspective du village & du pont de Charenton.

8. Vues & perspective du pont & du temple de Charenton.

Ces huit paysages sont gravés par Goyran, d'après les desseins de la Belle.

1646.

112. La perspective du pont-neuf de Paris (1); au bas est écrit : *Pons Lutetiæ structus, dictus novus, & quæ ex eo prospici possunt*, avec un grand discours en latin, & l'explication latine & françoise de quelques chiffres de renvoi qui sont à divers endroits de l'estampe. S^{te}. *Della Bella Florentinus inv. & fec. 1646. cum privil. Regis.* Au haut, dans le ciel, sont deux grands anges qui portent les armes de France, avec cette dédicace :

---

(1) Cette estampe est une des plus considérables de l'œuvre de la Belle, par la multiplicité & la variété des figures qui s'y voient ; elle pourroit passer pour la piece capitale de ce maître, s'il y avoit observé un peu plus de dégradation dans les lointains. Cette dureté de ton & cette égalité de force dans les fonds est bien plus sensible sur cette planche depuis qu'elle a été retouchée, ce qui fait que ces dernieres épreuves ne sont d'aucune considération pour les vrais connoisseurs. Il faut l'avoir avant qu'on ait ajouté le coq sur le clocher de Saint Germain-l'Auxerrois, & l'on doit y appercevoir facilement le cours de la Reine-Mere dans le plus grand lointain, au-dessous du chiffre 5, sans que cet endroit ait été retouché. Mais ces premieres épreuves sont de la plus grande rareté & d'un très-grand prix, quand elles sont bien conservées.

1646.

Ludovico XIIII. Galliarum & Navarræ Regi. Haut. 13 pou. 3 lig. long. 25 pou. 1 lig.

113. *Vestigii del tempio della pace*, &c. Grand paysage en travers, dont le fond représente les jardins de la vigne Farnese. On voit à gauche sur le devant l'église & le portail de sainte Françoise, Romaine. Cette estampe paroît gravée par Goyran, d'après le dessein de la Belle ; il n'y a aucun nom de graveur, ni de marchand. Elle porte 12 pou. de haut. y compris le discours qui est au bas, sur 16 pou. 6 lig. de long.

114. La chapelle de sainte Marie Majeure à Rome. *Goyran sculpf.* Cet édifice est sur la droite ; le fond représente une partie des jardins de la ville de Rome. Les curieux mettent ce morceau, ainsi que le précédent, dans l'œuvre de la Belle, parce qu'ils croient y entrevoir le goût du dessein de ce maître. A Paris, chez Pierre Mariette. Cette estampe est de la même grandeur que la précédente.

115. Le Royaume des cieux (1) : la sainte cité

---

(1) Cette piece est composée dans le goût d'une grande estampe de Callot, en quatre feuilles, où il a représenté le purgatoire & l'enfer ; au bas de cette estampe, dans l'angle à droite, on lit sur les premieres épreuves : cette carte du royaume des cieux a été composée par le sieur Hierosme Chastelain, à la gloire de Dieu, Roy des Roys, & *en l'honneur de Jesus, Marie & Joseph.* Cette fin de phrase a été effacée ensuite, & ne se trouve point aux épreuves plus modernes.

DE LA BELLE.   113
1646.

de Jérusalem, grande carte du Royaume des cieux. Morceau en hauteur en deux grandes feuilles qui se collent ensemble. *S. D. Bella deff. N. Cochin gra.* Avec approbation de M^{rs}. les Docteurs de Sorbonne. A Paris, chez Pierre Mariette. Il faut l'avoir avant cette adresse de Pierre Mariette. Haut. des deux feuilles assemblées, 31 pou. 6 lig. larg. 21 pou.

116. Jeu des fables, ou de la métamorphose. Il y a cinquante-deux petites estampes en hauteur, de la grandeur d'une carte à jouer, sans le titre qui est en travers. A Paris, chez Henri Legras, au Palais, avec privil. Haut. 3 pou. 2 lig. larg. 2 pou.

117. Jeu de la géographie, en cinquante-deux pieces sans le titre, de pareille grandeur que les précédentes. A Paris, chez Henri Legras, &c.

118. Jeu des Reynes renommées, aussi en cinquante-deux pieces en hauteur, sans le titre qui est en travers. Même grandeur.

119. Cartes des Rois de France, en quarante pieces y compris le titre. Même grandeur & même adresse (1).

―――――
(1) Pour être assuré des premieres épreuves, il faudroit avoir toutes ces petites estampes avant la lettre, comme on le voit à l'œuvre de la Belle qui est au cabinet du Roi, ce qui est presque impossible à rassembler ; mais du moins faut il avoir ces quatre jeux avec l'adresse de Henri Legras, au Palais, & non pas avec celle de Florent Lecomte, rue S. Jacques, au Chiffre royal, comme cet auteur le conseille dans son

1646.

120. La milice moderne, par le sieur Bernardin *Imbotti*, in-8°, Paris, 1646. Un frontispice formé d'un trophée d'armes, dessiné & gravé par la Belle.

121 Recueil de divers griffonnemens & preuves d'eau forte, faictes par *Stef. Della Bella. Fr. Collignon* (1) *excud.* Il y a vingt-deux pieces, sans

---

second volume (seconde partie, pag. 117), au catalogue de la Belle, ce dernier ne les ayant possédé que long-tems après Henri Legras. Ces quatre jeux sont très-amusans & du meilleur tems de cet artiste; ils ont été imaginés par Desmarets, auteur du poëme de Clovis, par ordre du cardinal Mazarin, pour faciliter à Louis XIV enfant l'étude de ces différentes sciences.

(1) Aux premières épreuves de cette suite, le titre doit être exactement comme on le voit ci-dessus, & les planches ne doivent pas être numérotées. Elles ont passé ensuite dans le fond de Mariette, qui y a fait graver son nom au lieu de celui de Collignon, sans mettre de numéros aux planches. Enfin, depuis quelques années, M. Mariette s'étant déterminé à se défaire de toutes les planches de la Belle, qu'il avoit toujours conservées, quoique retiré du commerce depuis long-tems, celles de cette suite, ainsi que les autres, ont été acquises par divers marchands, qui en ont changé & corrigé le titre, & qui ont fait mettre des chiffres à toutes les planches. Voici le titre qu'on y voit actuellement: Recueil de *quarante* griffonnemens & *épreuves* d'eau forte, par della Bella. *Avec privil. du Roy.*

Comme les planches de cette suite, ainsi que toutes les autres de la Belle, provenant du fonds de Mariette, sont à présent très-usées, les nouveaux possesseurs ont été obligés d'en faire retoucher une grande partie; & pour faire croire que ce sont d'anciennes épreuves, quelques-uns usent de plusieurs supercheries dont il est bon de prévenir les amateurs: les uns ont fait effacer les adresses qui sont au bas des planches, ou bien ils les font couvrir avec du papier fin, usé par les bords, pour leur donner une apparence d'épreuve avant la lettre;

1646.

y comprendre le titre, de différentes formes & grandeurs.

Le titre, où est une tête de vieille femme à gauche. *S. D. B. fecit.* Haut. 2 pou. 8 lig. long. 3 pou. 1 lig.

1. Une tête d'homme à gauche, vue de profil, regardant en haut, ayant des cheveux courts. *S. D. B. fecit.* Haut. 1 pou. 5 lig. long. 3 pou. 1 lig. Le reste de la planche est vuide.

2. Buste de Polonois à mi-corps, vu en face, avec bonnet & aigrette, barbe & moustache, vêtu d'une robe. Haut. 1 pou. 7 lig. long. 2 pou.

3. Tête de femme, vue de profil, regardant en haut à droite & ouvrant la bouche; au-dessus à droite, une tête plus petite de jeune homme, vue de trois quarts; autre à gauche d'un soldat dans un casque. *S. D. B. fecit.* Haut. 2 pou. 6 lig. larg. 2 pou. 5 lig.

4. Buste de vieillard vu en face, coëffé d'un bonnet avec aigrette, ayant de la barbe, une robe de poil sur les épaules; le reste du bas de la planche n'est qu'au trait. On y lit, *S. D. B. fecit.* Au-dessus de

---

d'autres, après avoir tiré ces estampes sur du papier fin roussi à l'air ou autrement, les rognent jusqu'au-delà de la marge du cuivre & les font tremper dans de la biere, ou dans de l'eau de bistre, ou dans de l'eau d'encre de la Chine extrêmement foible : ce qui fournit de la vigueur & du noir aux moindres tailles, & donne un air d'ancienneté à ces nouvelles épreuves ainsi rembrunies, que l'on a soin de coller ensuite sur une feuille de beau papier bien blanc, avec des filets & bordures tirés à l'encre, &c. J'y ai été attrappé à cette suite même, & j'en avertis mes confreres les amateurs, pour qu'ils soient sur leurs gardes contre les ruses des marchands.

1646.

ce busté est une tête de profil, coëffée d'un bonnet de nuit, regardant à droite. Haut. 2 pou. 8 lig. larg. 1 pou. 6 lig.

5. Piece en hauteur : tête de Turc vue de profil, coëffée d'un turban avec aigrette, ayant des moustaches, regardant à gauche en bas ; au-dessous une tête de jeune Turc, avec bonnet, vue de trois quarts. *S. D. B. fecit.* Haut. 3 pou. 2 lig. larg. 1 pou. 6 lig.

6. Piece en hauteur : tête d'enfant vue de profil, regardant à droite ; au-dessus, un enfant vu à mi-corps jusqu'au ventre, regardant aussi à droite, le bras droit étendu au-dessus de sa tête. *S. D. B. fecit.* Haut. 3 pou. 10 lig. larg. 1 pou. 4 lig.

7. Piece en travers : à droite, un buste de cheval regardant à droite ; à gauche, un buste d'homme vu de trois quarts, regardant à gauche. *S. D. B. fecit.* Haut. 1 pou. long. 2 pou. 9 lig.

8. Piece quarrée, composée de cinq têtes, dont deux à droite, & trois à gauche, dont un buste de fille, coëffée en paysanne, regardant à gauche. Haut. 2 pou. 2 lig. long. 2 pou. 11 lig.

9. Piece en long : à droite, tête de femme vue de profil, regardant à droite ; à gauche, tête d'homme peu formée, vue de trois quarts, regardant à droite ; au milieu, petit profil d'une tête qui regarde en l'air à gauche. *S. D. B. fecit.* Haut. 1 pou. long. 2 pou. 11 lig.

10. Piece en long : à droite, une demi-figure à la Polonoise vue de profil, avec bonnet & aigrette, regardant à droite ; derriere lui un squelette, ou

1646.

figure décharnée qui crie. *S. D. B. fecit.* Haut. 1 pou. 4 lign. long. 3 pou. 2 lig.

11. Piece en travers : deux demi-figures à la Polonoife en regard. *S. D. B. fecit.* Haut. 1 pou. 4 lig. long. 3 pou. 2 lig.

12. Piece en long : à droite, une tête de jeune foldal vue de profil, regardant à gauche, avec un cafque ; à gauche, une tête de vieillard tournée d'un autre fens. *S. D. B. fecit.* Haut. 1 pou. 6 lig. long. 3 pou. 8 lig.

13. Piece en travers, dans le milieu de laquelle eft un cafque antique ; le refte eft rempli par diverfes études, & quelques charges fort petites. *S. D. B fecit.* Haut. 1 pou. 2 lig. long. 3 pou. 3 lig.

14. Piece en long, où fe voient trois têtes de philofophes, dont une à gauche au trait ; à droite, eft un léger griffonnement d'une efpece de harpie. *S. D. B. fecit.* Haut. 9 lig. long. 4 pou. 3 lig.

15. Piece en long : à droite, deux têtes de vieillards accollées, regardant à gauche ; au milieu, une tête vue de trois quarts, prefque en face ; à gauche, une tête de jeune homme, au trait, qui femble crier. *S. D. B. fecit.* Haut. 10 lig. long. 3 pou. 6 lig.

16. Piece en travers : à droite, une tête de Turc dans le goût de *Reimbrandt*, avec turban, aigrette & mouftache, regardant en face ; deux petits profils au trait, & deux autres têtes ombrées, regardant à droite. *S. D. B. fecit.* Haut. 2 pou. 1 lig. long. 4 pou. 2 lig.

17. Piece en travers, où l'on voit trois figures : à gauche, un negre vu par derriere ; au milieu, un Turc regardant en face, la pique fur l'épaule ; à

1646.

droite, une femme vue par le dos. *S. D. B. fecit.* Haut. 1 pou. 5 lig. long. 4 pou. 4 lig.

18. Piece en travers : à gauche, une tête de soldat avec casque, vue de profil, regardant à droite ; sur la droite, un grouppe de cinq figures, dont celle de devant, qui est nue, est vue par le dos. *S. D. B. fecit.* Haut. 1 pou. 9 lig. long. 4 pou. 3 lig.

19. Piece en long : à gauche, un homme nud, la tête nue, le bras étendu, tenant un bouclier, regardant à gauche, vu jusqu'aux mammelles ; à droite, un grand œil fermé. *S. D. B. fecit.* Haut. 10 lig. long. 4 pou. 8 lig.

20. Piece en long, composée de quatre têtes, dont celle qui est à droite est une tête de vieux soldat vue en face, avec casque & barbe. *S. D. B. fecit.* Haut. 10 lig. long. 4 pou. 8 lig.

21. Piece en long : cinq têtes d'enfans en différentes attitudes. *S. D. B. fecit.* Haut. 11 lig. long. 4 pou. 6 lig.

22. Grande figure académique vue par le dos, avec un bras pendant, dessiné dans toute sa longueur ; dans l'angle inférieur de la planche, à gauche, est une esquisse d'une grosse tête un peu chargée. *S. D. Bella fecit. Fr. Collignon excud.* Haut. 5 pouc. 2 lig. larg. idem.

122. Second recueil de divers griffonnemens & preuves d'eau forte, faict par *Stef. della Bella : Jac. Van-Merlen excud.* rue saint Jacques, avec privil. en quarante-sept pieces de différente grandeur.

1646.

1. Une figure d'académie vue à mi-corps, regardant à gauche, appuyée fur le bras gauche, & tenant de l'autre main un livre ouvert; le titre ci-deſſus eſt écrit au bas de cette figure. Haut. 2 pou. 4 lig. long. 2 pou. 9 lig.

2. Piece quarrée, ſur laquelle il y a trois petits ronds; dans l'un eſt une tête de femme en profil; dans l'autre, deux têtes de chérubins accollées; dans le troiſieme, un petit enfant couché, & un petit payſage dans le fond : *fort rare*. Haut. 2 pou. 7 lig. long. 3 pou. 3 lig.

3. Piece en travers : petit buſte d'un Polonois, avec bonnet & aigrette, de profil, regardant à gauche ; à côté de lui, un buſte de femme, auſſi de profil, regardant à gauche, vue preſque par le dos, & ſeulement au trait. Le reſte de la planche eſt blanc. Haut. 13 lig. long. 2 pou. 8 lig.

4. Piece quarrée : dans le milieu, une tête de femme, de profil, regardant à droite, dans un rond; des deux côtés du rond, diverſes têtes, & légers petits griffonnemens. *S. D. B. fecit.* Haut. 2 pou. 4 lig. long. 3 pou. 1 lig.

5. Piece fort longue, contenant huit têtes, ſavoir, une à gauche, couronnée de pampres ; une tête de ſoldat, avec caſque & barbe, regardant à gauche en l'air ; un vieillard vu en face ; une femme de profil, regardant à gauche, avec un voile ſur la tête ; trois têtes tenant enſemble, & un vieillard avec barbe, vu de trois quarts, regardant à gauche. Ce long morceau a été depuis coupé en deux, entre la deuxieme & la troiſieme tête. Haut. 1 pou. 4 lig. long. 8 pou.

1646.

6. Piece en hauteur : figure d'homme à mi-corps ; un bras élevé en haut, & qui n'eſt point finie. Haut. 3 pou. larg. 2 pou. 5 lig.

7. Piece en hauteur, ſur laquelle eſt la figure d'un triton dans l'eau, au ſeul trait ; au bas de la planche eſt une petite tête de femme, vue de profil, regardant à gauche, ſur un fond ombré. Haut. 3 pou. 10 lig. larg. 2 pou. 6 lig. Cette planche a été coupée depuis, & l'on a ſéparé ces deux figures ; mais aux premieres épreuves elles tiennent enſemble.

8. Une très-petite bande, ſur laquelle ſont quatre petites têtes ; à droite, un petit rond qui renferme deux petites figures debout. *S. D. B. fecit.* Haut. 6 lig. long. 2 pou. 7 lig.

9. Autre très-petite bande, où l'on voit à gauche un cheval galopant, & ſur la droite un homme qui charge un cheval. *S. D. B. fecit.* Haut. 6 lig. long. 2 pou. 10 lig.

10. Tête de femme en profil, coëffée d'un bonnet à la Perſienne : *rare.* Haut. 1 pou. 8 lig. long. 2 pou. 6 lig.

11. Piece quarrée : à gauche, une tête de femme de profil, regardant à droite ; tête de vieillard au deſſus avec un bonnet, regardant à gauche ; au haut à droite, un petit buſte de ſoldat qui fait la moue en les regardant. Haut. 2 pou. 6 lig. long. 2 pouc. 10 lign.

12. Piece quarrée : à droite, une tête de femme coëffée d'un voile, vue de trois quarts, regardant à gauche ; le milieu occupé par une eſquiſſe de cartel, & un petit buſte de femme qui regarde en haut ;

à

1646.

à gauche, une tête de satyre, & une petite figure de cavalier au trait, au-dessus. *S. D. B. fecit.* Haut. 3 pou. 1 lig. long. 4 pou. 1 lig.

13. Piece en long : plusieurs figures qui semblent crier ; deux de ces figures sont à cheval : cela paroît une étude de bataille. *S. D. B. fecit.* Haut. 1 pou. 8 lig. long. 4 pou. 4 lig.

14. Piece quarrée : à droite, une tête coëffée à la Turque, vue en face ; & plusieurs autres petites têtes. Haut. 2 pou. 1 lig. long. 4 pou. 1 lig.

15. Piece quarrée, où se trouve une demi-figure habillée, dont la tête qui est nue, semble rire. Pour avoir ce morceau bonne épreuve, il faut que le cuivre porte 2 pou. 5 lig. de haut, la planche ayant été rognée depuis sur la hauteur. La largeur a toujours été de 1 pou. 10 lig.

16. Piece quarrée, où il y a deux petites têtes : en haut, celle d'une vieille femme vue de profil ; en bas, une tête de femme vue de trois quarts, regardant en bas. Haut. 1 pou. 9 lig. larg. *idem.*

17. Piece quarrée, au haut de laquelle est une tête de vieillard coëffée d'un bonnet. Le reste de la planche est vuide ; un pou. 6 lig. en quarré.

18. Buste de jeune fille en profil, coëffée en cheveux. Haut. 4 pou. 8 lig. larg. 2 pou. 2 lig.

19. Piece quarrée : à droite, tête de femme vue de profil, regardant à gauche, & ouvrant la bouche ; autre profil sur la droite, touchant l'épaule de celle-ci, & regardant aussi à gauche. Ces deux têtes ont été séparées d'une tête de jeune homme qui étoit sur la gauche, de profil, coëffée d'un bonnet. Pour être

Q

1646.

sûr des premieres épreuves, il faut les avoir tenant ensemble & portant 3 pou. 7 lig. de long. sur 2 pou. 3 lig. de haut.

20. Piece quarré : sur la gauche, tête de femme dans le caractere d'une payfanne, vue de trois quarts, regardant à droite; sur le reste de la planche on voit deux petits bustes de femmes, & un pied, tournés de l'autre sens. Hauteur suivant la premiere tête, 2 pou. 2 lig. long. 2 pou. 9 lig.

21. Piece faisant le pendant de la précédente : on y voit un buste de paysan, la tête de profil, & un visage de vieillard dormant. Haut. 2 pou. long. 2 pou. 8 lig.

22. Piece en travers : sur le milieu de la planche, un grouppe de quatre têtes, dont deux de vieillards; dans le coin à gauche, deux autres très-petites têtes. Haut. 1 pou. 5 lig. long. 2 pou. 10 lig.

23. Petite bande: tête de jeune homme, vue de profil, regardant à gauche; à droite, une jambe & une cuisse. *S. D. B. fecit.* Haut. 10 l. long. 3 p. 6 l.

24. Petite piece quarrée-longue, où se trouve une tête de femme, vue de profil, regardant à gauche, coëffée d'un bonnet plat, serré par un bandeau, qui lui renferme les cheveux. Haut. 1 pou. 7 lig. larg. 2 pou. 4 lig.

25. Petite piece quarrée : buste de jeune fille habillée, vue par le dos ; dont la tête est vue de profil, regardant à gauche, les cheveux noués par derriere. Haut. 2 pou. 3 lig. larg. 1 pou. 11 lig.

26. Petite piece quarré-long : buste d'une jeune fille, à peu près semblable au précédent, & dans la

1646.

même attitude. Il eſt difficile de trouver cette piece bonne épreuve. Haut. du cuivre, ſur lequel il paroît qu'il y a quelque choſe d'effacé, étant vuide des trois quarts, 1 pou. 8 lig. long. 2 pou. 2 lig.

27. Deux très-petits morceaux quarrés : l'un eſt une tête d'enfant vue par derriere ; l'autre, un très-petit buſte de jeune homme : *très-rares toutes les deux*. Ils paroiſſent coupés d'une piece plus grande. Grandeur de chacun, 6 lig. en quarré.

28. Petit morceau quarré, contenant deux têtes de Turcs, dont la plus petite a une aigrette ſur ſon turban. Haut. 2 pou. 3 lig. larg. 2 pou.

29. Un portrait en profil : petite piece quarré-long. Haut. 2 pou. 6 lig. long. 3 pou. 2 lig.

30. Petite piece quarrée : il y a pluſieurs petites têtes légèrement gravées, & un vaſe antique. Haut. 1 pou. 6 lig. larg. 1 pou. 4 lig. (1).

31. Piece quarrée : en haut vers la droite, eſt une tête d'enfant vue en face, deſſinée un peu en grand ; dans l'angle ſupérieur à gauche, eſt un buſte de femme, d'une plus petite proportion, qui regarde cette tête d'enfant ; le reſte du cuivre eſt vuide. Haut. 2 pou. 6 lig. long. 2 pou. 10 lig.

32. Petite piece quarrée : dans le bas, une petite tête de femme, ou de jeune homme, vue de trois quarts, regardant en bas à droite ; au-deſſus, une très-petite tête d'homme vue de profil, regardant à

---

(1) Cette piece & la précédente m'ont été indiquées par M. Joullain fils, qui eſt très-ſavant dans la connoiſſance des eſtampes, & qui m'a beaucoup aidé dans la compoſition de ce catalogue.

1646.

droite, coëffée d'un turban ; le reste de la planche est vuide. Haut. 1 pouc. 7 lig. long. 1 pou. 10 lig.

33. Piece quarrée : tête de femme vue de profil, regardant en haut à droite, les cheveux enveloppés dans une espece de rezeau. Même hauteur & même longueur que la précédente.

34. Petite piece quarrée, où l'on voit le portrait d'un jeune homme, coëffé d'un bonnet plat, avec des plumes pendantes le long de ses cheveux, une cravatte au col, vue de trois quarts. On croit que c'est le portrait de la Belle ; & cette tête ressemble assez à celle du frontispice des têtes coëffées à la Persienne, que l'on sait être son portrait. Haut. 1 pou. 9 lig. long. 2 pou. 5 lig.

35. Petite tête de Turc vue en face, avec turban & aigrette, & des moustaches sans barbe. Haut. 1 pou. 6 lig. larg. 1 pou. 4 lig.

36. Petite tête d'enfant. Haut. 1 pou. 6 lig. long. 1 pouc. 8 lig.

37. Petit buste de femme regardant à droite. Haut. 1 pou. larg. 9 lig.

38. Petite tête de femme regardant à droite ; tête de vieillard à côté. Haut. 1 p. 5 l. long. 2 p. 1 l.

39. Petite tête de vieux en raccourci. Haut. 9 lig. long. 11 lig.

40. Petit buste de femme regardant à gauche ; à droite, un pied tout seul. Haut. 1 pou. 3 lig. long. 2 pou. 2 lig.

41. Petite tête de jeune homme avec des cheveux pendans, & un bonnet de poil ou de plumes. Haut. 1 pou. 8 lig. larg. 1 pou. 5 lig.

1646.

42. Petite tête d'une femme vue de trois quarts. Haut. 1 pou. 7 lig. larg. 1 pou. 2 lig.

43. Deux petites têtes vues de profil, savoir, une de vieille, & une de jeune homme au-dessous. Haut. 1 pou. 8 lig. larg. 1 pou. 2 lig.

44. Tête de servante qui regarde à droite. Haut. 1 pou. 3 lig. larg. *idem.*

45. Buste d'un homme avec draperie, levant le bras & regardant à droite, au trait. Haut. 2 pou. 3 lig. long. 2 pou. 4 lig.

46. Deux Hongrois à mi-corps, avec bonnets & aigrettes de plumes, vus tous les deux par le dos; un des deux regarde à droite : le tout terminé en bas par une espece d'ovale. Haut. 3 p. 7 l. larg. 3 p.

47. Buste d'enfant qui paroît nâger, dont on ne voit que la tête & un peu des épaules. Haut. 1 pou. 6 lig. long. 1 pou. 9 lig. *rare.*

123. Troisieme recueil intitulé : diverses figures & griffonnemens inventéz & gravez par *Stef. de la Bella*, en vingt-trois pieces de différente forme & grandeur, y compris le titre (1).

1. Le titre écrit sur une espece de cartouche formé par une peau de lion, & quelques ornemens. F. C. Cette estampe paroît gravée par Fr. Chauveau,

―――――――――――――――――――
(1) On observera que les numéros que l'on a mis dans ce catalogue aux planches de ces trois suites de griffonnemens, sont seulement supposés par l'auteur, dans le dessein de donner quelque ordre à ces petites pieces fugitives, pour en faire la description, & les indiquer plus facilement, mais qu'ils n'existent point sur les estampes. On saura aussi que les chiffres que M. Basan vient de faire graver au bas de

1646.

d'après le deſſein de la Belle. Haut. 2 pou. 8 lig. long. 3 pou. 4 lig.

2. Petite piece en travers : deux têtes, une de vieillard & une de ſoldat, de profil, regardans à gauche, grouppées enſemble ; à gauche, une petite figure debout, & une aſſiſe, qui ſe chauffent ; à droite, une femme aſſiſe ſur un cheval de payſan, tournant le dos ; derriere elle, une eſquiſſe de cheval vu en face. Haut. 1 pou. 5 lig. long. 3 pou. 3. lig.

3. Piece quarré-long : à gauche, une figure d'homme debout, allant à droite, portant un paquet ſous le bras droit ; derriere lui un chameau ; à droite, un grouppe de trois figures qui ſe parlent. Haut. 2 pou. long. 2 pou. 10 lig.

4. Piece en long : petite étude d'un homme conduiſant un cheval chargé, & portant ſur ſon épaule droite une draperie au bout d'un bâton. Haut. 13 lig. long. 2 pou. 5 lign.

5. Piece quarrée : étude de trois hommes à cheval ; dont celui du milieu, qui n'eſt que légérement eſquiſſé, paroît armé d'un caſque & d'une cuiraſſe, avec des piſtolets à l'arçon de ſon cheval. Haut. 2 pou. 3 lig. long. 2 pou. 2 lig.

ſon *recueil de quarante griffonnemens*, qu'il a formé des planches les moins uſées de ces trois ſuites, n'ont aucun rapport avec les chiffres qu'on voit ici.

Il en eſt de même des trois petits livres à deſſiner que nous décrirons ci-après aux articles 130, 146, & 148, dont les planches ne doivent point être chiffrées, du moins aux bonnes épreuves ; les numéros qu'on leur a ſuppoſés dans cet ouvrage n'y étant mis que pour les mieux décrire, & pour pouvoir les déſigner chacune en particulier

1646.

6. Piece quarré-long : on y voit une femme à mi-corps, qui tient son enfant sur un âne ; à gauche, un satyre qui les regarde. *S. D. B. fecit.* Haut. 2 pou. 5 lig. long. 3 pou. 2 lig.

7. Piece en hauteur : on y voit un homme à pied qui conduit son cheval par la bride sur la descente d'une montagne, & quelques autres figures d'hommes & de femmes, soit à pied ou à cheval, qui vont devant. *Israël excud.* Haut. 3 p. 2 l. larg. 2 p. 6 l.

8. Piece en hauteur : un enfant qui marche en tenant un agneau par le col & les pieds de devant. Haut. 2 pou. 4 lig. larg. 1 pou. 6 lig.

9. Piece en travers, représentant un taureau marin. Haut. 2 pou. 1 lig. long. 4 pou.

10. Petite piece en travers, remplie de plusieurs chevaux en liberté. *S. D. B. fecit.* Haut. 1 pou. 3 lig. long. 2 pou. 7 lig.

11. Piece en hauteur, où se voit une femme dans l'eau jusqu'au gras de la jambe, qui tient sa robe un peu relevée. Haut. 2 pou. 3 lig. larg. 1 pou. 9 lig.

12. Petite piece en hauteur, où l'on voit une femme avec un voile, portant un panier sur la tête. Haut. 2 pou. larg. 1 pou. 6 lig.

13. Piece en hauteur, représentant une espece de Hongrois debout, un carquois sur le dos, & tenant un marteau d'armes de la main gauche. Haut. 3 pou. 7 lig. larg. 2 pou. 8 lig.

14. Petit Amour à mi-corps, dans un ovale, tenant son arc de la main gauche, le bras droit appuyé sur une pierre, la tête vue de trois quarts. *S. D. B. fecit.* Haut. du cuivre 3 pou. larg. 2 pou. 4 lig.

1646.

15. Piece quarrée : autre petit Amour à mi-corps, tenant son arc de la main droite, appuyé sur l'épaule droite, regardant à droite, & ayant les ailes hautes : le tout renfermé dans un quarré un peu arrondi par le bas, figure ombrée, dans le goût de *Reimbrandt*, différente de l'estampe précédente, & beaucoup plus rare. Celle-ci porte 3 pou. 2 lig. en quarré.

16. Petite piece quarrée, dans laquelle est un rond où l'on voit plusieurs figures de gueux, dont un marche avec deux béquilles. Grandeur du cuivre, 2 pou. 1 lig. en quarré.

17. Petite piece en hauteur : espece de caravanne, où l'on voit une femme à cheval, tenant son enfant devant elle, un chaudron pendu à côté d'elle ; un chameau & des moutons qui la suivent. *S. D. B. fecit.* Haut. 2 pou. 2 lig. larg. 1 pou. 8 lig.

18. Paysage en hauteur, formé d'un seul gros arbre, dont les branches écartées remplissent la planche ; sur la gauche, est un homme assis sur son cheval, vu par le dos. *Israël excud.* Haut. 3 p. 1 l. larg. 2 p. 5 l.

19. Paysage en hauteur : sur le devant est un homme qui fait boire son cheval dans le bassin d'une fontaine qui est à la gauche ; plus loin, un autre cavalier qui s'en va. *Israël excud.* Haut. 2 pou. 9 lig. larg. 2 pou. 5 lig.

20. Piece quarrée : espece de bas-relief antique, où l'on voit un soldat courant à cheval, la lance à la main ; derriere lui, un autre cavalier qui sonne du cor antique. Haut. 1 pou. 10 lig. long. 2 pou.

21. Piece en travers : à gauche, une pauvresse debout, appuyée sur son bâton, regardant à droite,

son

1646.

son enfant sur le dos; à droite, deux très-petites figures de pauvresses, à peu près dans la même attitude. Haut. 1 pou. 6 lig. long. 2 pou. 2 lig.

22. L'enfant prodigue gardant les pourceaux, figure debout, tournant le dos, & appuyée sur son bâton. *Israël excud.* Haut. 2 p. 4 l. larg. 1 p. 10 l.

23. Piece en hauteur : un soldat debout vu par derriere, son tambour sur le dos; dans le lointain à droite, deux ou trois petites figures de soldats. *S. D. Bella fec.* Haut. 3 pou. 1 lig. larg. 2 pou. 4 lig.

124. *Raccolta di varii cappriccii et nove inventioni di cartelle et ornamenti posti in luce dal Sig^r. Steffano della Bella, Pittor Fiorentino, e da lui dissegnate et intagliate in Parigi appresso Fr. Linglese detto il Ciartres, con privil. di S. M. Christ.* 1646 (1). Cette suite est en dix-huit feuilles de différente grandeur, dont douze en hauteur depuis 8 pou. 9 lig. jusqu'à 9 pou. 3 lig. sur 7 pou. de larg. La treizieme a 5 pou. 8 lig. de haut sur 9 pou. 3 lig. de long. Les cinq dernieres ont depuis 3 pou. 6 lig. jusqu'à 5 pou. de haut, sur 6 pou. 6 lig. jusqu'à 7 pou. 3 lig. de long.

---

(1) Cette suite est dédiée à Antoine le Charron, baron de Dormelles, dont les armes paroissent avoir été ajoutées après coup sur la seconde planche par quelque graveur de vaisselle, étant d'une taille rangée & très-propre, bien différente de la touche spirituelle de la Belle. Il faut avoir cette suite avant ces armes, avant le nom de Mariette le fils, qui ne l'a vendu qu'après la mort de Langlois, & avant que les planches soient numérotées.

R

1646.

125. Recueil de douze cartouches en travers, sans être numérotés, dessinés par la Belle, & gravés par Fr. Collignon. *S. D. B. invent. F. Collignon fecit. F. L. D. Ciartres excud. cum privil. Regis.* Ces cartels ont été numérotés depuis. On y ajoute un treizieme qui sert de titre à un *recueil de diverses Bacchanales de Poussin, Chappron, Dorigny, & autres;* à Paris, chez Pierre Mariette. Et un quatorzieme qui sert de titre à *divers paysages mis en lumiere par Israël, dédiez à M. Louis de Crevant, marquis d'Humieres.* Hauteur 3 pou. long. 6 pou. 5 lig.

126. *Varii capricii militari di Stef. della Bella. F. L. D. Ciartres excud. cum privil. S. D. la Bella fecit.* En six feuilles chiffrées. Haut. 3 pou. 3 lig. long. 4 pou. 2 lig.

1. Marche des bagages d'une armée.
2. Un canon, avec deux soldats assis sur son affût, & un sentinelle debout à gauche.
3. Un sentinelle & un autre soldat debout à côté d'un canon.
4. Un sentinelle, & un soldat qui bat de la caisse sur un rempart.
5. Soldat piquier le casque en tête, appuyé sur la roue d'un canon.
6. Vue d'une batterie de canons qui tirent.

127. Livre de treize paysages dans des ronds, sur des cuivres quarrés, sans être numérotés,

1646.

dédiés à Ant. le Charron, Baron de Dormelles, &c. *Stef. della Bella invent. fecit. F. L. D. Ciartres excud. cum privil. Regis* (1). Diametre des ronds 4 pou. 10 lig.

1. La dédicace gravée sur des ruines de monumens antiques.

2. Le pâtre qui dort couché par terre ; dans le lointain, des restes de palais ruinés.

3. Les ruines du colisée.

4. La caravanne : une femme assise sur un cheval, tenant son enfant devant elle ; derriere elle un chameau ; nombre de troupeaux qui marchent devant.

5. La tour ronde dans le lointain ; les bufles sur le devant dans une plaine.

6. Vue du *campo vaccino* : une fontaine à droite, sur le devant ; un bufle couché.

7. Le bas-relief antique, sur la gauche ; sur le devant, un chapiteau corinthien, &c.

8. Le coup de vent dans la forêt ; deux cavaliers enveloppés dans leurs manteaux.

9. Les vaches qui paissent dans le vallon ; joli grouppe de grands arbres à gauche.

10. L'arc de Titus à gauche dans le lointain ; ruines d'un grand bâtiment sur la droite.

---

(1) Pour être assuré des premieres épreuves, il faut que ces planches soient à l'adresse de *Ciartres*, & que la marge du cuivre étant entiere & de forme quarrée, on n'y apperçoive point de chiffres. Les épreuves modernes sont numérotées à droite dans l'angle supérieur de la marge ; & l'on voit au bas le nom de P. Mariette, ou de N. Langlois fils ; mais ces épreuves sont retouchées.

1646.

11. Les deux pâtres assis par terre, à gauche sur le devant ; plus loin, une cascade.

12. La triple cascade, & le pêcheur qui s'en retourne.

13. La jument & le poulain ; dans le lointain, la pyramide ou le tombeau de *Cestius*.

128. Six estampes d'animaux dans des ronds, sur des cuivres quarrés, sans être numérotés. *Stef. Della Bella inv. et fec. cum privil. Regis.* Diametre des ronds 5 pou.

1. Le titre : une paysanne qui fait boire sa vache dans une auge de pierre, sur laquelle est écrit : *animali fatti da Stef. della Bella.*

2. Le pâtre qui conduit des chevaux & des bœufs dans un terrein qui va en descendant.

3. Les vaches & la petite femme qui passent l'eau en venant.

4. Les deux femmes troussées qui passent l'eau avec leurs enfans & leurs troupeaux, en s'en retournant.

5. Marche de troupeaux ; une femme assise sur un cheval, tenant son enfant, &c.

6. La famille du satyre qui danse.

129. *Raccolta di vasi diversi di Stef. de la Bella Fiorentino. Stef. de la Bella invent. fecit. F. Langlois alias Ciartres excud. cum privil. Regis.* En six feuilles longuettes numérotées. Haut. 3 pou. 1 à 3 lig. long. depuis 6 pou. 9 lig. jusqu'à 7 pou. 6 lig. Ces vases sont très-agréablement composés, & leur exécution est d'une légéreté admirable. On voit dans diverses œuvres de la Belle quatre au-

tres morceaux, contenant chacun deux vases séparés l'un de l'autre par un trait ; mais ce sont des copies des vases précédens. Haut. 3 pou. 5 lig. long. 4 pou. 5 lig.

130. Recueil de diverses pieces servant à l'art de portraiture. *Stef. della Bella invent. fecit.* A Paris, chez Fr. Langlois, rue Saint-Jacques. *F. L. D. Ciartres excud.* En 38 pieces de différente grandeur, sans le titre.

Le titre dans un cartel d'ornement. Haut. 2 pou. 8 lig. long. 3 pou. 4 lig.

1. Cinq yeux ; deux petits en haut, & trois plus grands au-dessous. Haut. 3 pou. 1 lig. larg. 2 pou. 8 l.

2. Un grand œil ombré vu en face, & deux de profil, au trait.

3. Quatre oreilles, dont deux au trait, & une bouche au-dessous. Haut. 4 pou. 2 lig. larg. *idem.*

4. Deux mains au trait.
5. Trois mains au trait.
6. Deux mains & un pied.
7. Un pied tout seul.
8. Deux pieds vus de profil.
9. Trois pieds.

Haut. 3 pou. larg. 2 pou. 8 lig.

10. Grande tête de jeune homme. Haut. 3 pou. 7 lig. larg. 3 pou.

11. Grande tête de femme, ou de jeune homme, dont le dessus manque. Haut. 3 p. larg. 2 p. 3 l.

12. Grande tête de femme vue de profil, tournée à gauche, les cheveux noués par derriere, regardant un peu en haut. Haut. 3 pou. 6 lig. long. 4 pou. 6 lig.

1646.

13. Deux têtes, l'une d'un jeune soldat avec casque, l'autre d'un jeune homme la tête nue, avec un peu de barbe. Haut. 2 pou. 6 lig. long. 3 pou. 1 lig.

14. Tête de vieillard chauve, avec barbe, de profil, tournée à droite, regardant en l'air; il est rare de la trouver bonne épreuve. Haut. 2 p. 5 l. long. 2 p. 10 l.

15. Buste de femme vue par le dos, la tête & les épaules nues, les cheveux retroussés, &c. Haut. 2 pou. 4 lig. long. 3 pou. 7 lig.

16. Quatre têtes : l'une d'un officier borgne, avec hausse-col, vu de trois quarts, regardant à droite; l'autre d'un vieux, couverte d'une draperie, tournée à gauche, vue aussi de trois quarts; au-dessous, deux profils au trait, qui se regardent, sur un fond ombré. Haut. 3 pou. larg. 2 pou. 9 lig.

17. Grande tête de femme, de profil, tournée à gauche, les cheveux noués par derriere, vue un peu par le dos, regardant en bas. *S. D. B. fecit.* Haut. 4 pou. larg. 3 pou.

18. Petite tête de jeune homme vue de côté, regardant en bas vers la droite, avec des hachures devant son profil, ayant ses cheveux, sans aucune coëffure. *S. D. B. fecit.*

19. Petite tête de vieillard chauve, vue de profil, regardant en bas vers la gauche, avec longue barbe & une robe bordée de fourrure de poil. *S. D. Bella fecit.*

20. Tête de femme tournée à droite, les yeux baissés, sans aucune coëffure, les cheveux noués en partie, le reste pendant sur son col, éclairée en dessus, ombrée sous le menton. *S. D. B. fecit.*

21. Tête de saint Pierre pénitent, avec barbe, vue

1646.

presque en face, tournée un peu vers la gauche, les yeux levés vers le ciel, & ouvrant la bouche.

22. Deux têtes d'enfans en regard. Haut. 3 pou. 2 lig. long. 5 pou.

23. Trois têtes d'enfans, une vue en face au milieu, & deux de profil aux deux côtés. Haut. 3 pou. 2 lig. long. 5 pou.

24. Trois grandes têtes de philosophes qui conversent ensemble. Haut. 3 pou. 2 lig. long. 5 pou. 1 lig.

25. Tête de vieux soldat avec casque & barbe, de profil, tournée à gauche. Haut. 3 p. 2 l. larg. 2 p. 5 l.

26. Autre tête de vieux soldat avec casque & barbe, regardant le ciel à gauche. Haut. 3 p. 2 l. larg. 2 p. 7 l.

27. Autre tête de vieux soldat vue de trois quarts, regardant à gauche, avec casque & barbe. Haut. 2 pou. 5 lig. long. 2 pou. 8 lig.

28. Tête de satyre vue en face, couronnée de feuillages. Haut. 2 pou. 5 lig. larg. 1 pou. 10 lig.

29. Autre tête de satyre vue de profil, regardant en bas à gauche, avec partie du buste. *S. D. B. fecit.* Haut. 3 pou. larg. 2 pou. 3 lig.

30. Tête de chameau vue de profil, tournée vers la gauche. Grandeur 3 pou. en quarré.

31. Plusieurs têtes de chevaux & quelques petites têtes d'hommes sur la même planche. Haut. 3 pou. larg. 2 pou. 5 lig.

32. Tête de vieillard vue de profil : ovale.

33. Tête de philosophe vue de profil : cette tête est chauve.

34. Tête de jeune homme dans le goût de l'Apollon antique, avec une bandelette autour de la tête.

1646.

35. Tête de vieille vue de trois quarts, paroissant regarder en l'air.

36. Tête de jeune homme en profil, vue par le dos, & se retournant pour regarder derriere lui.

37. Tête de jeune homme vue de profil, regardant à gauche, les cheveux noués par derriere. Haut. 4 pou. larg. 3 pou.

38. Portrait d'un matelot nommé *Mas-Aniello* (1), célebre dans l'histoire de Naples, vu de profil, regardant à gauche. Haut. 2 pou. 6 lig. larg. 2 pou. 3 lig.

1647.

Voyage de la Belle en Hollande, & son retour en France en 1647.

131. Table succincte des ornemens extérieurs de

---

(1) Thomas *Aniello*, appellé vulgairement *Mas-Aniello*, Napolitain, homme de la lie du peuple, fut le chef d'un parti qui se souleva à Naples le 7 juillet 1647, à l'occasion d'un impôt mis sur les fruits par le duc d'Arcos, vice-roi de cette ville. Les mutins, après avoir fait beaucoup de désordres & commis diverses violences, pillerent le palais du vice-roi, qui eut de la peine à se sauver. Pour appaiser ces séditieux, on fut obligé de supprimer ce nouvel impôt; & au moyen de la médiation du cardinal *Filomarini*, archevêque de Naples, il y eut un accommodement conclu le 13 juillet, par lequel le vice-roi accordoit aux rebelles tout ce qu'ils demandoient. Trois jours après, *Mas-Aniello*, & les principaux chefs de son parti, furent assassinés, sans que le peuple parût s'en inquiéter; mais quelques Nobles ayant usé de mauvais traitemens vis-à-vis de la populace, la sédition recommença & passa dans tout le royaume de Naples jusqu'au 7 septembre suivant, que le vice-roi fut contraint de faire avec ces séditieux un traité encore plus humiliant que le premier. *Histoire universelle, par une société de gens de lettres*, in-quarto, 1769, tome *XXXII*, page 588.

l'écu

1647.

l'écu d'armes, selon les regles des anciens hérauds, dédié à M. le maréchal de Villeroy, par Vulson de la Colombiere. *Stef. della Bella invent. S. Bernard sculps.* A Paris, chez Pierre Mariette, rue Saint-Jacques, avec privil. 1647. Cette piece est remplie de casques & d'armoiries, avec leurs ornemens. Haut. 20 pou. 9 lig. larg. 16 pou. 3 lig.

132. Marques & ornemens extérieurs de l'écu de nos rois, de leurs enfans, & des principaux officiers de leur couronne & de leur maison, dédié à M. le comte de Saint-Aignan, par Vulson de la Colombiere : à Paris, chez Pierre Mariette, &c. Il y a au haut une espece de vignette qui occupe toute la largeur de la carte, sur 4 pou. 3 lig. de hauteur. Le reste est rempli par vingt-quatre armoiries avec leurs attributs. Haut. de l'estampe 22 pou. 10 lig. larg. 16 pou.

133. Nouvelles inventions de cartouches désignés & gravés à l'eau forte par E. de la Belle, Florantin : à Paris, chez la Vefve F. Langlois, dict Chartres. 1647. Douze pieces en hauteur numérotées. Haut. 4 pou. 6 lig. larg. 3 pou. 4 lig.

134. Livre de huit petites marines, sans être numérotées : à Paris, chez Israel, rue de l'Arbresec, &c.

1. Un débarquement de ballots : sur le devant est un homme portant sur son épaule droite un ballot,

S

1647.

sur lequel est écrit: *all' illustriss. signor Cavaliere Tomaso Guidonto in Fiorenza*; sous son bras gauche il porte un autre paquet, sur lequel est écrit: *di Stef. della Bella, Parigi*; sur un autre: 1647.

2. Vue d'un coin de Calais.

3. Tour de Calais.

4. Navire ordinaire qui passe de Douvres à Calais.

5. Vue d'Amsterdam.

6. Dans l'angle supérieur à gauche, vue d'Amsterdam.

7. Autre vue d'Amsterdam.

8. Vue des côtes d'Italie. *S. D. Bella invenit & fecit. Israël excud. cum privil.*

1648.

135. Un très-grand ange volant, vêtu d'une longue robe à petits plis dans le goût antique, représentant la Renommée tenant à la main une trompette, au-dessus d'une carte du cours de la Loire depuis Rouanne jusqu'à Nantes. Le pavillon de la trompette est formé d'une grande draperie, sur laquelle est écrit: *Les villes de la riviere de Loire, Rome; & plusieurs objets d'Italie & de France, mis en lumiere par de Lincler, contrôleur général des bâtimens de S. M. arts & manufactures de France. A Paris, chez Pierre Mariette*. Haut. 9 pou. 3 lig. long. 15 pou. 1 lig. Il faut l'avoir avant la lettre.

136. Les quatre élémens, en quatre paysages longuets. *Stef. de la Bella invent. fecit. N. Lan-*

1648.

glois excud. cum privil. Haut. 3 p. long. 7 p. 1 à 3 l. Il faut les avoir avant le nom de ce marchand.

1. *Terra*, la terre : un très-joli paysage, avec de grands arbres sur la droite, & des montagnes sur la gauche.

2. *Aqua*, l'eau : un vaisseau en pleine mer, avec une grande pluie.

3. *Aer*, l'air : un paysage battu par un ouragan ; des cavaliers tourmentés par le vent, dont un a été obligé de mettre pied à terre.

4. *Ignis*, le feu : un brûlot en pleine mer, & le feu de l'artillerie dans un combat naval.

137. Les cinq Morts, dans des ovales en hauteur, emportant des personnes de tout âge ; sans numéro, & sans aucun nom de graveur ni de marchand (1). Haut. de l'ovale 6 pou. 3 à 6 lig. larg. 5 pou. 3 lig.

1. La Mort courant à cheval, tenant une trompette avec une grande draperie qui voltige.

2. La Mort allant à droite, qui tient un enfant la tête en bas ; le fond représente les charniers des SS. Innocens, à Paris.

3. La Mort allant à gauche qui enleve un enfant ; le fond représente aussi les charniers des SS. Innocens.

4. La Mort qui tient une femme la tête en bas ; plus loin à droite, une autre Mort qui tient un cadavre.

―――――

(1) Ces cinq estampes sont du meilleur tems de la Belle ; il y en a une sixieme qui est bien inférieure, étant son dernier ouvrage. Voyez à la fin du catalogue, année 1664.

1648.

5. La Mort qui entraîne un vieillard dans un tombeau, d'où fort une autre Mort avec une horloge de fable.

138. *Ornamenti di fregi et fogliani di Stef. della Bella inv. & fec.* A Paris, chez la veufve F. Langlois dit Chartres. Seize pieces en longueur. Les premieres épreuves ne font point chiffrées. Haut. environ 3 pou. fur 9 pou. 4 lig. de long. Il faut les avoir avant l'adreffe de N. Langlois fils, & celle de Mariette.

139. *Diverfi capricci fatti par S. D. Bella* (1). En vingt-quatre pieces chiffrées. Haut. 3 pou. long. 3 pou. 6 lig.

 1. Titre, où l'on voit fur le devant un joueur de vielle qui chante, accompagné d'un petit garçon qui frappe fur un triangle d'acier; dans le fond, une danfe en rond.

 2. Une payfanne qui fe trouffe pour paffer l'eau avec fes vaches.

 3. Deux jeunes filles qui voyagent à pied, un paquet fous le bras; plus loin, une femme affife fur un âne.

 4. Un cheval en liberté qui va defcendre une butte de terre.

 5. Un payfan fur fon cheval, qui le fait boire en paffant une riviere.

 6. Un payfan fur fon cheval, avec un panier au bras droit, qui parle à un homme à pied.

---

(1) Il faut avoir cette fuite avant l'adreffe de N. Langlois, fils de Fr. Langlois dit *Ciartres*, qui l'a vendue d'abord pour la Belle.

1648.

7. Deux chevaux, dont l'un remonte de l'abreuvoir; plus loin, un payſan à cheval, conduiſant ſon troupeau.

8. Un cavalier qui deſcend dans une riviere pour faire boire ſon cheval; plus loin un autre cavalier qui fait boire le ſien.

9. Une vache qui remonte de l'abreuvoir; plus loin, une payſanne qui conduit deux autres vaches ſur un pont.

10. Deux cavaliers qui deſcendent une montagne; un autre cavalier plus loin.

11. Une femme à cheval, tête & jambes nues, qui mene ſon cheval & un autre à l'abreuvoir.

12. Une vache qui boit dans une auge de pierre.

13. Une payſanne vue par le dos, un panier au bras droit & une beſace ſur l'épaule gauche; à côté d'elle à droite, un cheval chargé; à gauche, un jeune ânon.

14. Une jeune femme aſſiſe ſur un âne, tenant ſon enfant dans les bras; une autre qui marche à pied à côté d'elle, portant un gros paquet ſous le bras gauche.

15. Un Polonois à pied, tenant par la bride un cheval couvert d'une riche fourrure.

16. Un homme qui conduit un éléphant vu en face; dans le lointain, un autre éléphant.

17. Un homme à pied, en manteau & en petites bottes, avec un plumet pendant à ſon chapeau, regardant à droite; dans le lointain, une femme allant vers la gauche.

18. Une dame bien parée, debout, allant vers la gauche; une autre dans le lointain, allant à droite.

19. Un Polonois en habit court, avec bonnet de

1648.

poil & son marteau d'armes à la main, tournant le dos & regardant vers la gauche ; plus loin, un autre vu de profil, allant aussi à gauche.

20. Un Polonois en robe courte, avec de petites bottes, & un bonnet avec plume relevée, allant vers la droite ; dans le lointain à droite, un autre Polonois allant à gauche.

21. Une pauvresse vue par derriere, & portant sur son dos son enfant enveloppé dans une couverture ; plus loin, une femme assise sur un cheval, & un homme allant devant, à pied.

22. Une pauvre femme allant vers la gauche, portant un enfant sur son dos, donnant à tetter à un autre pardevant, & conduisant devant elle un petit garçon.

23. Un satyre assis, dont l'enfant joue avec une chevre.

24. Un pâtre à cheval, tournant le dos, qui conduit son troupeau devant lui.

140. *Diversi animali fatti di Stef. della Bella.* A Paris, chez Pierre Mariette (1), rue Saint-Jacques, à l'Espérance. En vingt-quatre pieces chiffrées. Haut. 3 pou. 1 lig. long. 3 pou. 9 à 12 lig.

1. Un mulet chargé de paquets, sur l'un desquels le titre est écrit ; plus loin, un autre mulet aussi chargé.

___

(1) Il faut avoir ces vingt-quatre petites estampes avec le nom de Mariette ; aux épreuves modernes, le nom du marchand se trouve effacé, & les planches sont retouchées : ce qui les rend plus fortes & plus belles en apparence que les anciennes ; mais ces épreuves retouchées ont perdu toute leur valeur pour ceux qui savent connoître le mérite des premieres épreuves.

1648.

2. Un aigle fur un rocher, & un autre perché fur une branche d'arbre, battant des ailes.

3. Un grand finge; dans le lointain, deux autres finges.

4. Un ours; dans le lointain, un autre ours qui s'enfuit.

5. Un lion couché, regardant à gauche; un autre lion à gauche dans le lointain.

6. Un lion debout, regardant à droite; plus loin, un lion & une lionne.

7. Une vache allant à droite; plus loin, une autre vache dans l'eau.

8. Un bœuf; dans le lointain, plufieurs autres bœufs, & un pâtre qui les garde.

9. Un léopard allant à droite.

10. Un éléphant allant à gauche; un autre à droite dans le lointain.

11. A gauche, un chien levrier proche une maifon; plus loin à droite, un autre chien debout à côté d'un grand chien couché.

12. Des moutons & des béliers qui paiffent l'herbe; à gauche, un berger qui les garde.

13. Un bufle couché, regardant à droite; à gauche dans le lointain, un autre bufle allant à gauche.

14. Une jeune fille portant un paquet fous fon bras, conduifant devant elle une chevre & d'autres animaux.

15. Un dain ou jeune cerf fans bois, allant à droite.

16. Un grand cerf coëffé de fon bois, allant à gauche; une biche dans le lointain.

17. Un chameau allant à gauche; plus loin à gauche, un autre chameau couché.

1648.

18. Un chameau vu par la croupe ; dans le lointain à gauche, une pyramide ; à droite, un chameau, & un homme assis par terre à côté de lui.

19. Un sanglier qui s'élance à droite ; dans le lointain, un autre sanglier poursuivi par plusieurs chiens.

20. Un renard regardant à gauche, la queue entre les jambes.

21. Un cheval seul sans selle, la bride sur le col ; plus loin, plusieurs cavaliers qui exercent leurs chevaux.

22. Un cheval de charrette dételé & mangeant une botte de foin qui est à terre devant lui.

23. Deux chiens de chasse, dont un a un collier ; plus loin, des chasseurs assis.

24. Un âne qui broute l'herbe ; plus loin, d'autres semblables animaux.

141. *Paraphrase des pseaumes de David*, par M. Godeau, évêque de Grasse & de Vence : *in-*4°, Paris, 1648. Sur le titre il y a un fleuron représentant la toison d'or pendue à une branche d'arbre, & gardée par un dragon : dessiné & gravé par la Belle. Haut. 1 pou. 7 lig. long. 2 pou.

1649.

142. *Diverse figure et paesi fatti per S. D. Bella.* 1649. A Paris, chez Israël, &c. En huit feuilles longuettes, sans être chiffrées.

1. Sur la planche du titre est un dessinateur assis, & deux hommes debout ; dans le fond, une vue de Paris & de l'ancien Louvre.

DE LA BELLE.

1649.

2. La payſanne qui voyage à pied, un panier au bras droit, un paquet ſous le bras gauche, & un autre ſur la tête.

3. Les dames bien parées à la promenade ſur le bord de l'eau.

4. Le cavalier égaré qui demande ſon chemin ; ſur le devant à gauche eſt un cheval mort.

5. Les pauvreſſes avec leurs enfans ; l'une aſſiſe par terre, l'autre debout, portant un enfant ſur ſon dos.

6. La pauvre nourriſſe aſſiſe au pied d'un arbre.

7. Le joueur de violon debout ; un enfant emmaillotté qui veut danſer.

8. Le Polonois debout, avec une longue robe, bonnet & aigrette, & des mouſtaches ; pluſieurs autres dans le lointain à gauche, les uns aſſis, les autres debout.

Haut. 3 po. 4 l. long. 5 po. 9 l. La planche du titre eſt un peu plus longue que les autres.

143. Le véritable plan & pourtrait de la maiſon miraculeuſe de la ſainte Vierge, ainſi qu'elle ſe voit à préſent à Lorette (1), le tout deſſiné & meſuré ſur les lieux par Adam Philippon, ingénieur du Roi : avec privilege de Sa Sainteté & du Roi Très-Chrétien, 1649. Pierre Mariette *excudit*,

---

(1) Quoique les curieux mettent ces ſept planches dans l'œuvre de la Belle, il paroît qu'il n'y a que la première qui ſoit gravée par ce maître, d'après les deſſeins de Philippon, & il eſt très-viſible qu'il n'a rien fait du tout aux autres ; mais en cette occaſion, comme en bien d'autres, l'uſage a prévalu ſur la raiſon.

1649.

gravé par Etienne de la Belle. Haut. 8 pou. 9 lig. larg. 8 pou. 8 lig.

Plan général de la fainte chapelle & de l'édifice qui l'entoure. Haut. 13 pou. 8 lig. larg. 8 pou. 6 lig.

Ecclefia Sta. Mariæ de Laureto veterum teftimonii, &c. Orient. Haut. 8 pou. 8 lig. larg. *idem.*

Autre face de l'églife extérieure, côté de l'occident. Haut. 8 pou. 8 lig. larg. *idem.*

Autre face du côté du feptentrion. Haut. du cuivre 8 pou. 8 lig. long. 12 pou. 9 lig.

Autre face du côté du midi. Haut. du cuivre, 8 pou. 8 lig. long. 12 pou. 9 lig.

Répréfentation des quatre faces intérieures de la fainte chapelle de Lorette. Haut. 8 pou. 9 lig. long. 12 pou. 10 lig.

144. Les œuvres de Scarron : frontifpice *in-4°*, à Paris, chez Touffaincts Quinet, au Palais, avec privil. 1649. *Stef. della Bella fecit.* On y voit Scarron affis fur fa chaife haute, tournant le dos, entouré de neuf harangeres, ou femmes du bas peuple, repréfentant les neuf mufes, qui fe tiennent par les mains & danfent un branle autour de lui. Sur le dos de fa chaife eft écrit : *ætatis fuæ* 31°. Haut. fans la lettre qui eft au bas, 7 pou. 4 lig. larg. 5 pou. 10 lig.

145. *I Principii del difegno fatti per S. D. B. Stef. della Bella invent. fecit.* A Paris, chez Pierre

1649.

Mariette, rue Saint Jacques, à l'Espérance, avec privil. du Roi. Il y a trente pieces en tout (1), y compris les quatre feuilles de têtes d'animaux. Haut. 4 pou. 5 à 9 lig. long. 5 pou. 8 à 10 lig.

1. Le frontispice, où l'on voit le Génie du dessein, couronné de lauriers, appuyé sur un porte-feuille d'études, un porte-crayon à la main, assis au milieu des ruines antiques & des monumens de Rome.

2. Sept yeux, dont cinq au trait & deux ombrés ; une bouche & un profil de visage.

3. Trois oreilles, un profil à gauche, & une bouche à droite.

4. Trois mains séparées, & deux mains jointes.

5. Une grande main vue en dessus, & quatre autres plus petites.

6. Quatre pieds ombrés & un au trait.

7. Trois pieds ombrés en différentes attitudes, & un au trait.

8. Une tête de vieux soldat avec casque & barbe, au trait ; la même ombrée.

9. Une tête de vieux, avec turban & barbe, dans le goût de *Reimbrandt*; & quatre plus petites de jeunes gens.

10. Deux têtes de vieux soldats avec casque & barbe, tournées à gauche, regardant en bas.

11. Tête de jeune femme vue de profil, regardant à gauche, les cheveux relevés avec une bandelette.

---

(1) Florent Lecomte en indique un pareil nombre, & y comprend aussi les quatre feuilles de têtes d'animaux, que nous plaçons comme lui à la fin de cette suite.

1649.

12. Tête de jeune homme fans coëffure, avec fes cheveux, regardant en bas vers la droite ; il a les épaules nues.

13. Autre tête d'un très-jeune homme, nue, les cheveux courts, ayant un collet, regardant en bas à droite.

14. Tête de jeune homme coëffée d'un bonnet plat, avec plumes pendantes, ayant de longs cheveux & regardant à gauche, dans le goût de *Reimbrandt*.

15. Tête de vieux foldat avec cafque & grande barbe, regardant en face, ayant une cuiraffe.

16. Tête de faint Pierre vue de trois quarts, regardant à gauche vers le ciel, avec grande barbe & fans coëffure.

17. Autre tête de vieillard à demi chauve, vue de profil, tournée à gauche, avec grande barbe, les épaules nues.

18. Autre tête de vieillard, chauve, de profil, regardant en bas à gauche, avec grande barbe.

19. Autre tête de vieillard, de profil, tournée à droite, fans être coëffée, avec fes cheveux & longue barbe.

20. Tête de vieillard vue de profil, tournée à gauche, couronnée de feuilles de chêne, avec fourrure de poil fur les épaules.

21. Bufte de Polonois coëffé d'un bonnet avec aigrette droite, vu en face, vêtu richement, dans le goût de *Reimbrandt*.

22. Tête de vieux, de profil, tournée à gauche, regardant en bas, couronnée de feuilles de laurier, avec grande barbe & cheveux frifés.

1649.

23. Tête de Turc, coëffée d'un turban, avec barbe, vue de trois quarts, tournée à droite, avec partie des épaules.

24. Tête de soldat effrayé, qui crie, coëffée d'un casque, de profil, tournée à gauche, regardant à terre.

25. Tête de jeune homme, de profil, regardant à gauche, avec de beaux cheveux frisés (1).

26. Deux têtes (2); à gauche, une tête de soldat avec casque & cuirasse, vue de trois quarts, se tournant vers la droite d'un air effrayé, & paroissant jetter des cris; à droite, une tête vue en face, avec une espece de coëffure très-large qui semble de poil ou de plumes d'autruche, dans le goût de *Reimbrandt*. Ces deux têtes sont d'une plus petite proportion que les précédentes. Haut. de cette planche 3 pou. long. 4 pou. 3 lig.

On y ajoute ordinairement les quatre planches suivantes.

1. Trois têtes de chameau, une en face au milieu, & une de profil de chaque côté. *Stef. della Bella fecit. P. Mariette excud.*

2. Deux têtes de chameau qui se regardent. *Mariette excud. Stef. della Bella fecit.*

(1) Dans l'œuvre du cabinet du Roi, il y a un second profil gravé à côté de celui-ci d'une pareille tête, mais un peu plus penchée; comme elle faisoit un mauvais effet, l'auteur l'aura sans doute supprimée, après en avoir fait tirer quelques épreuves.

(2) Cette estampe se trouve au cabinet du Roi, dans le volume de Silvestre & la Belle, de la collection de l'abbé de Marolles, & dans l'œuvre de la Belle, appartenant à M. de Dijonval; comme elle est fort rare, c'est ce qui fait qu'on ne compte ordinairement que vingt-cinq pieces à cette suite de principes pour le dessein.

1649.

3. Deux têtes de cheval qui se regardent, avec des bossettes à leur bride. *Mariette exc. S. D. Bella.*

4. Une grande tête de lion, & deux autres plus petites. *Stella della Bella fecit.* P. *Mariette exc.*

Il y en a encore deux de pareille grandeur, mais qui sont beaucoup plus rares ; savoir :

1. La même estampe des deux têtes de chevaux ci-dessus (n°. 3), telle que la Belle l'avoit gravé d'abord, dont le cuivre a été perdu. Dans celle-ci, qui est la première gravée, la tête de cheval vue en face n'a qu'une bossette au mords ; ces têtes sont d'ailleurs représentées plus en petit, & ne paroissent qu'à moitié faites, ce qui aura peut-être déterminé la Belle à les recommencer. Il n'y a point de nom de marchand, & celui de la Belle n'y est mis que très-légérement à la pointe seche. Dans la planche gravée en second (n°. 3), les têtes de cheval sont retournées de droite à gauche.

2. Une tête d'élan ou de cerf, dessinée plus en grand, avec un bois singulier ; dans l'angle d'en bas à gauche, on voit une étude d'une tête de chien qui semble le poursuivre.

Haut. de ces deux dernieres planches 4 pou. 3 à 4 lig. sur 5 pou. 6 à 7 lig. de long.

146. Livre pour apprendre à dessiner, mis en lumiere par Israël, dédié à M. Malier, fils de M. de la Houssaye, &c. *Stef. della Bella fecit.* En seize feuilles. Haut. 3 po. 2 à 3 l. larg. 2 po. 4 à 6 l.

1. Le titre, où l'on voit deux enfans assis, dont l'un est occupé à dessiner à la plume dans un porte-

1649.

feuille que l'autre enfant tient ouvert ; fur le dos du livre font les armes de M. Malier.

2. Tête vue en face : on croit que c'est un portrait de la Belle ; au-deffous font quatre yeux de profil.

3. Six petits yeux au trait ; au-deffous trois oreilles ; deux profils & une bouche au milieu.

4. Deux profils de têtes en grand, trois bouches au-deffous.

5. Quatre oreilles.

6. Six mains au trait.

7. Cinq pieds.

8. Quatre petites têtes ; en haut une de foldat & une avec turban & barbe ; au-deffous, une tête de vieillard, & une de jeune femme, les cheveux retrouffés : toutes deux regardant vers le ciel.

9. Six têtes : une de femme regardant vers le ciel, une de vieux tournée vers la terre ; au-deffous, une femme coëffée d'un voile ; une tête d'enfant au-deffous au fimple trait ; à droite, deux têtes grouppées.

10. Six têtes : en haut, deux vieillards qui fe regardent ; à droite, une tête de femme, dont les cheveux font emportés par le vent ; au-deffous, une tête de Minerve avec un cafque ; à gauche, une tête de vieillard avec barbe ; en bas au milieu, un bufte d'enfant.

11. Bufte de Polonois, avec bonnet & plume d'autruche relevée, tourné à droite, regardant en bas ; à gauche, une pareille tête, plus petite, tournée du même fens.

12. Grande tête d'enfant, avez des cheveux courts, vue de trois quarts, regardant à droite.

1649.

13. Tête de jeune fille un peu penchée, vue de profil, regardant à gauche, le visage ombré.

14. Tête de femme en grand, de profil, regardant à gauche, les cheveux noués d'un ruban.

15. Jolie tête de femme coëffée d'un casque, avec plusieurs pennaches, regardant à droite.

16. Tête de vieille, un peu baissée, regardant à gauche, coëffée d'une espece de bonnet.

147. Douze paysages en long, numérotés, sans aucun titre. *Stella della Bella fecit*. Chez Pierre Mariette, rue Saint-Jacques. Haut. 3 pou. 3 lig. long. 5 pou. En voici le sujet.

1. A gauche sur le devant, un homme assis au pied d'un arbre, caressant son chien; devant lui une jeune fille debout, un chapeau sur la tête & un paquet sous le bras gauche.

2. La paysanne assise sur un cheval, & sa compagne qui se trousse pour passer l'eau à pied.

3. Le paysan avec un bâton, portant un petit paquet sur l'épaule au bout d'un autre bâton; devant lui, une femme qui tient un enfant par la main.

4. Le bœuf qui va à l'abreuvoir; une femme qui se trousse en passant l'eau; plus loin, un pont sur lequel passent des troupeaux, & un homme à cheval qui les conduit.

5. A gauche, une paysanne coëffée d'un chapeau, portant un panier de chaque bras; à droite, une autre qui porte un paquet sur la tête; dans le fond, diverses fabriques de maisons.

6. A gauche, une femme sur un âne, coëffée d'un chapeau

1649.

chapeau & enveloppée d'un manteau ; dans le fond, une grande tour quarrée, fort élevée, ruinée par le haut.

7. Au milieu de l'estampe, un paysan qui porte un paquet sur les épaules, avec un bâton ; à gauche & dans le fond, un paysage montagneux.

8. Une femme allant à gauche, portant un panier à anse sous le bras gauche ; plus loin, un homme portant une besace sur l'épaule.

9. A gauche, un pauvre appuyé sur son bâton, tenant à la main une bouteille couverte d'osier ; plus loin à droite, une femme sur un cheval, & un homme à pied qui va devant.

10. Un paysan qui chasse un cochon devant lui ; un autre cochon qui le suit.

11. Un paysan qui voyage, portant une besace sur l'épaule ; plus loin à droite, un cheval chargé de bagages, qui descend une montagne ; à gauche, des arbres.

12. Deux pauvres, l'un assis par terre au pied d'un gros arbre, sa besace à côté de lui ; l'autre debout devant lui, appuyé sur son bâton.

148. Piece quarrée : la sainte Vierge assise, tenant l'enfant Jesus assis sur ses genoux, & lui montrant deux petits oiseaux qui jouent sur un buisson. *Stef. della Bella fecit. Mariette excudit.* Haut. 3 pou. 2 lig. long. 3 pou. 3 lig.

149. Piece octogone : la Vierge assise, tenant l'enfant Jesus debout sur ses genoux, qui l'embrasse. *S. D. Bella.* Haut. 3 p. 2 l. larg. 3 p. 3 l.

1649.

150. Piece ronde : la Vierge assise, donnant à tetter à l'enfant Jesus assis sur ses genoux ; le fond de l'estampe est blanc. *Stef. de la Bella fecit. Mariette excudit.* Diametre du rond 4 pou. 4 lig.

151. Piece ronde : la Vierge assise, tournant le dos, donnant à tetter à l'enfant Jesus couché dans ses bras & emmaillotté ; il y a une draperie au-dessus de sa tête, & dans le fond à droite une fenêtre ouverte, d'où l'on voit la campagne. *Stef. de la Bella fecit. Mariette excudit.* Diametre du rond 4 pou. 5 lig.

152. Piece ovale en hauteur : la Vierge assise dans un fauteuil de bois, tenant l'enfant Jesus nud debout sur ses genoux, & regardant à droite ; le fond est une gloire. *Stef. de la Bella fecit. Mariette excudit.* Haut. de l'ovale 5 po. 1 l. larg. 4 po. 1 l.

153. Piece ronde : la Viege assise, se pressant le sein pour faire tetter l'enfant Jesus qui est tout nud, debout entre ses jambes. *Caracci invent. Fr. Collignon excud. cum privil Regis.* Diametre du rond 5 pou. 5 lig,

154. Petite piece ronde : la Vierge assise, tenant l'enfant Jesus couché dans ses bras (1); plus loin,

---

(1) Il se trouve plusieurs différences à ce morceau, occasionnées par des retouches au burin, dont la plus sensible est aux dernieres épreuves, où l'on voit une ombre faite sur la terrasse où la Vierge est assise, cette ombre n'étant point aux premieres.

1649.

saint Joseph assis par terre, qui tourne le dos & qui paroît lire. *Stef. de la Bella fecit. Mariette excudit.* Diametre du rond 2 pou. 5 lig.

155. Piece en longueur: la Vierge assise par terre, tenant l'enfant Jesus assis sur ses genoux; elle le fait jouer avec un petit oiseau qu'elle tient sur son pouce; plus loin, saint Joseph assis par terre, appuyé contre un arbre, lit dans un livre. *Stef. de la Bella fecit* (1). *Mariette excudit.* Haut. du cuivre 3 pou. long. 5 pou.

156. Grande piece quarrée: la Vierge assise sur une butte de terre, tient l'enfant Jesus dans ses bras, qui lui presse le tetton; la Vierge regarde à terre à droite; vis-à-vis d'elle est saint Joseph assis par terre, lisant dans un livre: le tout dans un beau paysage. *Stef. de la Bella fecit. Mariette excudit.* Haut. du cuivre 4 p. 10 l. long. 6 p. 9 l.

157. Piece dans un rond: la Vierge qui est assise à droite, tournée vers la gauche, tient l'enfant Jesus tout nud assis sur ses genoux; le petit saint Jean, qui est à gauche, lui donne à boire dans sa tasse. *Stef. de la Bella fecit. Mariette excudit.* Diametre du rond 4 pou. 6 lig. Il faut l'avoir avant le nom de la Belle & l'adresse de Mariette.

158. Grande piece quarrée: la Vierge tournée à

---

(1) Aux premieres épreuves, il ne doit y avoir ni le nom de la Belle, ni celui de Mariette.

1649.

droite, assise par terre, tient l'enfant Jesus couché sur ses genoux; d'une main elle se presse le sein pour le faire tetter, de l'autre elle tient un livre; le petit saint Jean est debout devant elle qui apprend à lire; au-dessus d'elle, sainte Elisabeth accotée sur un appui de pierre où est un pot de fleurs, qui les regarde. *S. D. Bella inv. fec. Mariette excudit.* Haut. du cuivre 6 po. 3 lig. larg. 5 pou. 9 lig.

159. Piece en hauteur: petite fuite en Egypte; la Vierge assise sur un âne, tenant l'enfant Jesus dans ses bras; saint Joseph va devant, tenant la bride de l'âne: tous vont vers la gauche. Au-dessus d'eux est une gloire de sept chérubins (1). Haut. 4 pou. 3 lig. larg. 3 pou. 9 lig.

160. Piece en hauteur: autre fuite en Egypte: la Vierge montée sur un âne, tenant l'enfant Jesus dans ses bras; saint Joseph va devant & tient la bride de l'âne: tous sont tournés vers la droite. Le fond est un joli paysage. *Stef. de la Bella fecit. Mariette excudit.* Haut. avec la lettre, 5 po. 6 lig. larg. 4 po. 6 lig. Il faut l'avoir avant le *cum privilegio regis* & avant le nom du marchand.

161. Petit saint Jean-Baptiste debout, la main droite appuyée sur son mouton, qui est élevé sur

---

(1) Aux premieres épreuves, il ne doit point y avoir le nom de la Belle, ni celui du marchand.

1649.

une terrasse; le fond est un paysage. *S. D. Bella inv. fecit.* Haut. 3 pou. 2 lig. larg. 2 pou. 6 lig.

162. Saint Jean-Baptiste enfant, tenant sa croix, & portant quelque chose devant lui dans une draperie; son mouton est à gauche à côté de lui; tout le fond est blanc. *Stef. de la Bella fecit. Mariette excudit* Haut. du cuivre, 5 p. 5 l. larg. 4 p. 5 l.

163. Piece ovale en hauteur: saint Jean-Baptiste enfant, tenant sa croix, regardant à droite, & mordant dans un fruit; son mouton est à droite à côté de lui; le fond est un paysage. *Stef. de la Bella fecit. Mariette excud.* Haut. de l'ovale 6 pou. 4 lig. larg. 4 pou. 11 lig.

164. Piece quarrée: saint Jean-Baptiste dans un âge plus avancé, un genou en terre, puisant de l'eau dans sa tasse, regardant à droite; son mouton est à gauche derriere lui. *Stef. de la Bella inv. & fecit cum privilegio Regis.* Haut. de l'estampe avec une grande marge au bas du cuivre, 4 pou. larg. 3 pou. 1 lig. Les premieres épreuves sont sans nom de marchand.

165. Diverses vues des édifices les plus remarquables de Paris & de ses environs, par Israël Silvestre, parmi lesquelles il y en a plusieurs dessinées par la Belle, en tout ou en partie; d'autres dont il a dessiné & gravé les figures, &c. ensorte qu'elles font partie de l'œuvre de cet artiste. Haut.

1649.

de ces vues, 4 pouc. 6 à 9 lign. long. 9 pouc.

1. Vue & perspective du palais Cardinal du côté du jardin, &c. A Paris, chez Israël Henriet. Au-dessus de cette vue est un ange volant, sonnant de la trompette, dessiné & gravé par la Belle. Les curieux ont des épreuves de cet ange volant, tirées à part avant la gravure de la vue qui est au-dessous.

2. Vue du Louvre & de la grande galerie du côté des offices. *Israël excud.* Les figures, les terrasses, & le paysage sont gravés par la Belle.

3. Vue & perspective du dedans du Louvre. *Israël excudit.* Les figures & le fond du paysage gravés par la Belle.

4. Vue du dôme du palais des thuilleries, &c. *Israël exc.* Les figures & le paysage gravés par la Belle.

5. Le palais d'Orléans, ci-devant l'hôtel de Luxembourg, vu du côté de l'entrée, dédié à Son Altesse Royale en 1649. Les petites figures & le cartel des armes d'Orléans sont gravés par la Belle.

6. Vue de l'intérieur du même palais.

7. Vue & perspective du Luxembourg du côté du jardin. *Israël excud.* Toute la planche est gravée par la Belle.

8. Livre contenant les vues & perspective de la chapelle & maison de Sorbonne. *Israël excudit.* 1649. Les figures, les statues & le paysage gravés par la Belle.

9. Vue & perspective de la chapelle & maison de Sorbonne, du côté de la place : les figures & le paysage gravés par la Belle.

10. Vue & perspective de la chapelle & maison de Sorbonne, du côté de la cour. *Israël exc.* Les figures par la Belle.

1649.

11. Vue de l'hôtel-de-ville de Paris, &c. *Israël excud.* Toutes les figures dessinées & gravées par la Belle.

12. Autre vue de Paris, aux deux côtés de laquelle est la fontaine des SS. Innocens, répétée en symmétrie. Les figures dessinées & gravées par la Belle.

166. Différens morceaux pour un livre intitulé : *les triomphes de Louis le Juste, XIIIe du nom, par Valdor* (1), *in-folio*. Paris, 1649. En 49 pieces, savoir :

Quatre vignettes d'ornemens : au milieu de la premiere on voit un A & une L entrelassés ; au milieu de la seconde sont les armes de France portées par deux enfans ; au milieu de la troisieme une L couronnée par deux anges ; au milieu de la quatrieme on voit un mufle de lion. Ces deux dernieres vignettes se trouvent déja dans une suite de frises en 16 pieces, annoncée ci-devant page 140, n°. 138, dont le titre est *ornamenti di fregi,* &c. Haut. 2 pou. long. 8 pou. 6 lig.

Deux lettres grises, une S entourée de lauriers ; dans le fond est une bataille. Une M avec quatre palmes entrelacées. Haut. 2 pou. larg. *idem.*

Une pyramide à la gloire de Louis le Juste, com-

---

(1) Le livre de Valdor étoit autrefois assez estimé, mais son style ampoulé & la vétusté de son langage l'ont fait abandonner ; il n'y a plus que quelques curieux qui le recherchent pour compléter l'œuvre de la Belle.

1649.

battant; aux deux côtés se voient le Tems & l'Envie enchaînés au pied de la pyramide: dessiné par la Belle, gravé par Goyran, 1649. Haut. 12 pou. larg. 8 pou. 2 lig.

Le mausolée de Louis le Juste, figuré par un corps d'architecture d'ordre Corinthien, terminé par un tombeau à l'antique. Au milieu se voit un grand tableau de l'apothéose de Louis XIII, admis au nombre des dieux. Des deux côtés, la statue de Minerve & celle d'Hercule. Il n'y a que ce tableau, les deux statues & le cartel au-dessous du tableau, formé par une peau de lion, qui soient gravés par la Belle. Haut. 12 p. 9 l. larg. 9 p.

La digue de la Rochelle, morceau allégorique, dessiné & gravé dans le goût de Chauveau; le fond paroît gravé par la Belle. Haut. 10 pou. 8 lig. larg. 8 pou.

Trois devises qui se trouvent sur la même planche, au bas du portrait de la Reine-Mere Anne d'Autriche, régente du royaume.

Trente-cinq planches contenant chacune trois devises ou emblêmes, en forme de médailles, allégoriques aux grandes actions des ministres & des généraux d'armée sous le regne de Louis XIII. Diametre des ronds, 2 pou. 3 lig. Ces 105 emblêmes paroissent pour la plupart dessinés, & même quelques-uns gravés par la Belle.

Combat

1649.

Combat naval devant l'iſle de Ré, en 1622, deſſiné & gravé par la Belle. Haut. 10 pou. 6 lig. long. 15 pou. 8 lig.

La deſcente des Anglois dans l'iſle de Ré en 1627, deſſiné & gravé par la Belle. Même grandeur.

Réduction de Wolfembutel en 1641, deſſiné par la Belle, gravé par Richer. Haut. du plan 11 pou. long. 15 pou. 11 lig.

Défaite & priſe du général Lamboy en 1641, avec le plan de la bataille au-deſſous, deſſiné & gravé par la Belle. Haut. totale 11 po. long. 16 po.

Ces quatre morceaux, en maniere de cartes topographiques, ſont remplis de très-petites figures deſſinées avec tout l'eſprit dont la Belle étoit capable.

167. Inſtructions & prieres chrétiennes pour toutes ſortes de perſonnes, par Ant. Godeau, évêque de Graſſe, *in*-12, Paris, chez la veuve Camuſat, 1649 : un petit titre gravé par la Belle.

Nous parlerons ici de ſept grandes eſtampes en travers, que quelques amateurs attribuent mal à propos à la Belle (1), mais qui ne ſont ni de ſon

---

(1) Sur le titre qui eſt à la tête de cette ſuite de vues, eſt écrit tout au long : *Dominicus Barriere Maſſilienſis, inve. et deline. et ſculp. Romæ.* 1649. Ainſi il eſt certain que la Belle n'y a aucune part, puiſqu'il étoit alors à Paris. La reſſemblance du travail de cet artiſte,

1649.

deſſein ni de ſa gravure; ce ſont ſept vues de la ville Aldobrandine à Rome, deſſinées & gravées par Dominique Barriere: cottées comme il ſuit.

5. *Prima villæ Aldobrandinæ facies*, &c. Haut. avec la lettre, 10 pou. long. 15 pou.

6. *Theatrum fontium ante palatium*, &c. Haut. avec la lettre, 12 pou. long. 19 pou.

7. *Proſpectus quo palatium atque theatrum ex obliquo*, &c. Haut. 9 pou. long. 13 pou. 6 lig.

8. *Facies palatii reſpiciens theatrum*, &c. Haut. 9 pou. long. 13 pou. 6 lig.

9. *Alius aquæ illapſus cum multiplici aſpergine*, &c. Haut. 8 pou. long. 11 pou. 6 lig.

10. *Primus exitus aquæ*, &c. Haut. 7 po. 9 lig. long. 10 pou. 3 lig.

11. Piece en hauteur: 1. *Apollinis conclave, miraculum artis humanæ*, &c. Haut. avec la lettre, 12 pou. 3 lig. larg. 8 pou. 3 lig.

1650.

168. Diverſes têtes & figures faites par *Stef. D. Bella. Iſraël excud. cum privil. regis*, 1650. En dix-ſept pieces non chiffrées. Haut. 3 po. 1 à 2 lig. larg. 2 po. 4 à 6 lig.

---

qui eſt aſſez dans le goût de la Belle, & la façon dont il écrivoit ſon nom, avec un D & un B entrelacés, peuvent avoir donné lieu à cette mépriſe de quelques amateurs, qui ont placé pluſieurs de ces ſept pieces dans l'œuvre de notre artiſte, d'autant plus que lui-même s'eſt ſouvent contenté, ſur-tout après ſon retour en Italie, de marquer ſes gravures par une S un D & un B entrelacés : ce qui forme une eſpece de chiffre très-ſemblable à celui de Dom. Barrierre.

1650.

1. Le titre, où l'on voit un jeune homme assis, qui aiguise son crayon, un porte-feuille sur ses genoux.

2. Tête dans un ovale, regardant en face, avec un bonnet de poil & un rabat : on croit que c'est un portrait de *Reimbrandt*.

3. Tête de femme vue de profil, regardant à gauche, les cheveux nattés & tressés à l'antique.

4. Tête d'homme coëffée d'un bonnet, vue en face, regardant en haut, l'oreille gauche découverte.

5. Tête de femme, de profil, regardant en bas à droite, vue par le dos qui est découvert, les cheveux noués avec un ruban & flottans sur son col.

6. Tête de vieux soldat, avec casque, barbe & cuirasse, une cravate au col. *Israël excud.*

7. Buste d'un homme de guerre, la tête nue, vu de profil, tourné à gauche, avec barbe, fraise au col, & cuirasse. *Israël excud.*

8. Tête de vieillard chauve, de profil, tourné vers la gauche, avec longue barbe. *Israël excudit.*

9. Tête de Minerve, avec casque & grand pennache de plumes d'autruche, les épaules enveloppées d'une draperie nouée par devant, vue de trois quarts, regardant à gauche. *Israël exc.*

10. Tête d'homme avec chapeau & plumet, moitié relevé, moitié pendant, vue de profil, regardant à droite. *Israël excudit.*

11. Tête d'un homme de guerre, avec une espece de bonnet plat, un hausse-col, une cravate & une cuirasse, vue de trois quarts, regardant à droite. *Israël excud.*

12. Buste d'une espece de Turc vu en face, avec turban, barbe & longue robe. *Israël excud.*

1650.

13. Buste d'enfant, la tête nue, avec des cheveux courts, ayant la main gauche proche du menton, vu presque en face, tourné un peu vers la gauche. *Israël excudit.* Haut. 2 po. 6 lig. long. 2 po. 9 lig.

14. Autre buste de jeune homme vu à mi-corps, presque en face, la tête nue, avec des cheveux courts, le visage de profil, tourné vers la gauche, le corps appuyé dans l'attitude d'écrire, tenant une plume à la main. *Israël excud.* Haut. 2 po. 6 lig. long. 3 po. 2 lig.

15. Grand masque de vieillard entouré de cheveux & d'une grande barbe, dont le derriere de la tête manque, vu de profil, tourné à gauche. *Israël excud.* Haut. 3 pou. 1 lig. larg. 2 pou. 6 lig.

16. Quatre têtes de chevaux sur la même planche. *Israël excud.* Haut. 3 p. 2 lig. larg. 2 po. 6 lig.

17. Neuf petites études de têtes de chevaux, dont la derniere en bas à droite n'est qu'au simple trait. *Israël excud.* Haut. 3 pou. larg. 2 pou. 5 lig.

169. On joint ordinairement à ce livre une suite de neuf figures de la même grandeur, d'hommes & femmes debout, dont voici le détail.

1. Un gentilhomme debout habillé à l'Espagnole, avec une longue épée, les jambes & les cuisses nues, de petites bottes à l'ancienne mode, tenant à la main son chapeau chargé d'un grand plumet, allant vers la droite ; dans le lointain à droite, un cavalier & une dame à la promenade, avec un page qui porte la queue de la dame. *Israël excud.*

2. Dame debout allant à gauche, avec une coëffe, un mantelet sur les épaules, relevant sa robe par

devant ; dans le lointain à gauche, un cavalier & une dame qui se promenent. *Israël exc.*

3. Un gros Polonois la tête nue, avec son manteau, sa hache pendue à son côté droit, sa robe retroussée, tenant à la main son bonnet & une canne pour marcher, allant à droite ; point de lointain.

4. Une dame allant à droite, avec sa coëffure & un mouchoir sur les épaules, sa robe retroussée par devant, les deux bras croisés ; dans le lointain, deux femmes assises par terre avec deux enfans. *Israël excudit.*

5. Polonois debout vu en face, coëffé de son bonnet avec aigrette, ayant son manteau & un habit court ; point de lointain.

6. Un Polonois regardant à droite, avec bonnet & aigrette, sans barbe ni moustache, tout debout, le genou droit un peu plié, ayant à sa gauche une espece de manche pendante ; dans l'éloignement à droite, on voit un homme à cheval qui galope. Haut. 3 po. 9 lig. larg. 2 po. 7 lig. *Celle-ci est extrêmement rare.*

7. Un vieillard debout avec barbe, demandant l'aumône, la tête enveloppée d'un linge, son chapeau à la main, appuyé sur un bâton, avec un manteau tout déchiré par le bas, allant à gauche ; plus loin, du même côté, une femme debout portant son enfant ; dans le lointain, une autre femme portant son enfant sur le dos. *Israël excud.*

8. Un vieillard assis regardant à droite, appuyé sur son bâton, une calotte sur la tête, ayant de la barbe, couvert d'un manteau ; plus loin, deux mendians, dont un paroît manchot. *Israël excud.*

1650.

9. Figure de femme debout, drapée à l'antique, la tête nue, tournée en face, tenant de la main droite quelques feuilles de laurier, & de la gauche un rouleau : le tout au simple trait. *Israël excudit*. Haut. 3 pou. larg. 2 pou. 3 lig.

170. Diverses vues des endroits remarquables de France & d'Italie, mises en lumiere par Israël Silvestre, dans lesquelles la Belle a travaillé, & qui font partie de son œuvre. Haut. 4 po. 3 à 9 lig. long. environ 9 pou. En voici le détail.

1. Livre de diverses perspectives & paysages faits sur le naturel. A Paris, chez Israël Henriet, 1650. Le fond représente une grande colonnade d'ordre Dorique, dont les colonnes sont à bandes, avec un fossé plein d'eau au-devant, bordé sur le devant d'une balustrade, avec piédestaux & figures ; les figures & le paysage dessinés & gravés par la Belle.

2. Vue de Berny à deux lieues de Paris, &c. Le paysage & les figures dessinés & gravés par la Belle.

3. Vue & perspective du château de Fremont, &c. dessinée entiérement par la Belle; elle paroît gravée par Goyran.

4. Vue & perspective du château du Verger en Anjou, demeure ordinaire des princes de Rohan-Guiménée. *Israël excud.*

5. Vue & perspective de la face du château du Rincy, à deux lieues de Paris.

6. Profil de la ville de Nancy, auquel sont jointes, &c. Au-dessus de cette vue, deux anges volans en l'air soutiennent une draperie, au bas de laquelle on lit : *S. D. Bella fecit.*

1650.

7. Vue & perspective de la porte de Notre-Dame de Nancy : les figures dessinées par la Belle.

8. Diverses vues de Rome & des environs, faites par Israël Silvestre : ce frontispice est formé d'un corps d'architecture terminé par des ornemens, au-dessus desquels est une tête de chrérubin avec ses ailes ; aux deux côtés, en bas, on voit deux petits anges assis par terre. Toute cette composition est de la Belle.

9. Vue de l'église saint Pierre & du château Saint-Ange : elle paroît dessinée & gravée par la Belle.

10. Vue du palais & jardin du cardinal *Ludovise* : le tout dessiné & gravé par la Belle.

11. Vue du *campo vaccino* & du temple du Soleil à Rome. *Israël excud.* Gravé par Silvestre, d'après le dessein de la Belle.

12. Une vue de Florence dessinée par la Belle, & gravée par Collignon. Cette planche est la derniere des douze vues de Florence, dessinées & gravées par Callot : sur le devant à droite est un angle de bastion fortement ombré, avec les armes du Pape au-dessous de la guérite ; sur la gauche est une vue de quelques palais de Florence sur l'Arno.

13. Les églises des stations de Rome, &c. Frontispice où l'on voit deux grands anges debout, appuyés sur un corps d'architecture, tenant une grande draperie sur laquelle ce titre est écrit ; dans le lointain à gauche, on apperçoit le dôme de saint Pierre de Rome : le fond paroît dessiné & gravé par la Belle.

14. Livre de diverses perspectives & paysages faits sur le naturel par Israël Silvestre : à Paris, chez Israël Henriet, 1651. On voit ici un grand arc de

1650.

triomphe à trois ouvertures, décoré d'un ordre de colonnes Ioniques, & terminé par une baluſtrade, avec trophées militaires : le tout paroît deſſiné & gravé par la Belle avant ſon départ pour l'Italie, quoique Henriet n'ait mis au jour cette ſuite qu'en 1651.

171. Divers veues d'Italie & autre lieu, faict par Iſraël Silveſtre. A Paris, chez Iſraël Henriet. Petit cartel en hauteur, qui paroît deſſiné & gravé par la Belle avant ſon départ de Paris. Haut. 3 pou. 4 lig. larg. 3 pou. 2 lig.

Départ de la Belle de Paris, & ſon retour à Florence en 1650.

172. Pluſieurs têtes coëffées à la Perſienne, faites *per Ste. D. Bella.* 1650. En douze pieces renfermées dans des ovales en hauteur, de 3 pou. 8 lig. de haut ſur 2 pou. 9 lig. de large. Toute cette ſuite eſt deſſinée & gravée un peu dans le goût de *Reimbrandt.*

1. Le titre ſur un papier tenu par un jeune homme coëffé d'un bonnet plat, avec plumes d'autruche pendantes, mêlées avec ſes cheveux. On croit que c'eſt un portrait de la Belle. Dans le haut de l'ovale à droite, on apperçoit le nom d'Iſraël, gravé à l'eau forte ; de l'autre côté à gauche, on voit le bas d'un cartel où ſont les armes du grand-duc, ce qui prouve que la Belle étoit déja de retour en ſon pays lorſqu'il a gravé cette ſuite.

2. Jolie tête de femme vue de trois quarts, regardant

1650.

dant à droite, coëffée en sultane, les épaules enveloppées d'une draperie avec fourrure nouée par devant.

3. Buste de jeune Turc coëffé d'un bonnet avec aigrette, regardant à gauche, vêtu d'une veste à riches boutonnieres, & d'une robe par-dessus.

4. Buste de femme vue par le dos, coëffée d'une espece de turban avec aigrette & diamans, vue de trois quarts, se retournant vers la droite; de sa coëffure descend un voile le long de son dos.

5. Buste de jeune Turc vu en face, coëffé d'un gros turban avec aigrette, ayant un peu de barbe sous le menton seulement, en veste à trois boutonnieres en haut, & longue robe par-dessus.

6. Grosse tête de sultane vue de trois quarts, regardant à gauche, coëffée d'un très-riche turban garni d'aigrette, de pierreries & de beaucoup de perles, les cheveux flottans sur ses épaules, avec une robe de fourrure.

7. Turc à grande barbe, avec turban & aigrette, vu de trois quarts, à mi-corps, regardant à droite, avec un voile qui pend de son turban le long de son dos.

8. Buste de sultane, dont le turban est serré avec une bandelette ornée de pierreries, vue de trois quarts, regardant à droite, les cheveux flottans, & les épaules garnies d'une fourrure.

9. Tête de jeune Turc avec moustache sans barbe, vue de trois quarts, regardant à droite, dont le turban est garni de cinq petites aigrettes par devant, ayant une espece de manteau sur les épaules.

10. Buste de sultane vue par le dos, dont la tête

Y

1650.

est retournée vers la droite, les cheveux relevés sous son turban, d'où descend un voile le long de son dos.

11. Esclave tenant un chameau par la bride, l'un & l'autre tournés vers la droite.

12. Esclave negre tenant la bride d'un cheval, dont la tête est ornée de plumes d'autruche, & portant une fourrure sur son bras gauche; l'un & l'autre tournés vers la gauche, faisant regard avec le sujet précédent.

173. *Disegno dell' attacco del forte posto di Longone, &c.* Voyez cette estampe & la suivante plus détaillées à la suite des conquêtes du Roi, qui terminent ce catalogue.

174. *Espugnazione delle fortificazione e piazza di Piombino, &c.*

1651.

175. Les Maures, Hongrois, Asiatiques, & Africains à cheval, dans des ronds de 6 po. 6 lig. de diametre, avec de beaux lointains. *S. D. Bella fecit cum privil. Regis.* Sans aucune adresse de marchand; savoir:

1. Negre à cheval, tourné à gauche, avec bonnet, aigrette & cheveux pendans, son arc & son carquois attachés derriere lui; dans le fond à gauche, des Turcs debout & assis; dans le fond à droite, un negre debout tenant son cheval par la bride; plus loin, une mosquée.

2. Negre à cheval, tourné à droite, avec turban & aigrette, tenant de la main droite un dard; à droite

1651.

devant lui, un esclave negre à pied, portant sa fourrure sur ses bras ; à gauche, un negre à cheval allant à gauche.

3. Negre à cheval allant à droite, avec turban, tenant à la main un dard, son arc & son carquois derriere lui ; à gauche derriere lui, un Turc debout & un autre assis ; plus loin, une pyramide ; à droite, des cavaliers qui conduisent des chevaux ; un éléphant dans le lointain.

4. jeune Hongrois à cheval avec bonnet de poil, tourné en face, allant vers la droite ; des deux côtés, des palefreniers à pied, qui tiennent des chevaux arrêtés.

5. Polonois à cheval, tournant le dos, avec arc & carquois, son cheval tourné vers la droite ; plusieurs cavaliers à droite & à gauche ; plus loin, des troupes en marche.

6. Polonois à cheval, tenant sa masse sur l'épaule droite, allant vers la droite, avec bonnet & moustache ; à gauche, une grosse tour ronde & une forteresse ; la mer dans le lointain à droite.

7. Polonois à cheval, portant la hotte derriere lui, allant vers la droite ; dans le lointain, plusieurs autres dans la même attitude.

8. Gros vieux Hongrois tourné en face, son cheval allant à droite ; deux autres à cheval dans le lointain, l'un à droite, l'autre à gauche.

9. Gros vieux Hongrois à cheval, allant à gauche, regardant en face ; dans tout le fond, sept ou huit cavaliers.

10. Gros vieux Hongrois à cheval, tournant le dos, son cheval tourné à gauche, avec bonnet &

1651.

manteau ; à droite & à gauche un cavalier ; dans le milieu, deux hommes à pied.

11. Deux Polonnois à cheval, tournés à gauche ; deux autres cavaliers plus loin du même côté ; un autre à droite dans le lointain. Cette planche paroît ne pas avoir été achevée.

176. Six feuilles d'aigles : eftampes quarrées, fans être numérotées & fans aucun nom de graveur ou de marchand. Il y a deux aigles fur chaque planche ; le nom de la Belle y paroît gravé très-légérement à la pointe feche. Elles font du cabinet du grand-duc. Haut. 4 po. 3 à 6 lig. long. 5 po. 6 lig.

Voyage de la Belle de Florence à Rome vers la fin de 1651.

1652.

177. *Il Mercurio di D. Vittorio Siri, tomo III°. In-quarto, in Lione*, 1652. *S. D. Bella fecit.* On voit fur un piédeftal les armes de Médicis & celles de l'Empire. Le fujet eft Hercule qui plante en terre fa maffue, laquelle y prend racine & jette des branches ; une nymphe l'arrofe. Sur une légende eft écrit : *æternum ut floreat*. Ce morceau eft affez rare. Hauteur avec la lettre, 7 pou. 7 lig. larg. 5 pou. 1 lig.

1653.

178. Six feuilles de vues des fontaines & des

1653.

allées de *la villa di Pratolino*, appartenant au grand-duc de Toscane, à Florence. Hauteur 9 po. 2 à 6 lig. sur 13 po. 6 lig. à 14 po. 2 lig. Ces six morceaux, qui sont du cabinet du grand-duc, représentent:

 1. L'arbre habité, avec une rampe très-aisée pour y monter.

 2. L'allée des fontaines formant un berceau, sous lequel on se promene.

 3. Le grand perron à deux rampes, avec une grotte au-dessous, & quatre obélisques aux extrêmités.

 4. Deux desseins de cette même grotte, avec les perspectives des deux côtés.

 5. Bosquet rempli de jets d'eau qui sortent de terre, orné de statues.

 6. Le grand dieu Fleuve, taillé dans le rocher, & couvert de congelations.

 179. *Ornamenti o grotesche di Stef. della Bella*. Douze pieces en hauteur sans être numérotées & sans aucun nom de marchand. Le nom de la Belle est gravé légérement à quelques-unes en abrégé. Haut. 6 pou. larg. 2 pou. 6 lig.

1654.

Retour d'Etienne de la Belle de Rome à Florence.

 180. Neuf chasses d'animaux, dont les planches sont au cabinet du grand-duc, sans nom de marchand & sans être numérotées; le nom de la Belle y est gravé légérement à la pointe seche.

1654.

1. La chasse à l'autruche. *S. D. Bella f.* Haut. 6 pou. long. 8 pou.

2. Le sanglier poursuivi, courant à gauche. *S. D. Bella.* Haut. 5 po. 1 lig. long. 8 po. 6 lig.

3. Le cerf & la biche courant à droite, poursuivis par deux chiens. *S. D. Bella.* Haut. 5 po. 8 lig. long. 8 po. 4 lig.

4. Le daim courant à gauche, poursuivi par un chien ; dans le lointain à gauche, un cerf poursuivi par un cavalier & deux chiens. *S. D. Bella.* Haut. 5 po. 3 lig. long. 8 po. 4 lig.

5. Le sanglier coëffé d'un chien, courant à gauche ; derriere lui, un cavalier avec un dard ; plus loin à droite, un daim poursuivi par un cavalier & un chien. *Stef. della Bella.* Haut. 5 p. 2 l. long. 9 p. 4 l.

6. Le cerf pris, coëffé d'un chien à gauche, & percé d'une lance par un piqueur à pied ; sur la gauche, un cavalier qui accourt ; sur la droite, un chien. *S. D. Bella.* Haut. 5 p. 5 l. long. 9 p. 3 l.

7. Le petit daim poursuivi, fuyant à droite ; sur le devant, des piqueurs & un cavalier qui regardent. *S. D. Bella.* Haut. 5 po. 4 lig. long. 9 po. 4 lig.

8. Le cerf & les daims poursuivis par deux cavaliers courant à gauche. *S. D. B.* Haut. 5 po. 5 lig. long. 9 po. 4 lig.

9. La biche ou le daim pris par deux chiens dans un marais, & poursuivi par un cavalier l'épée à la main. *S. D. Bella.* Haut. 5 po. 6 lig. long. 10 po.

181. La belle chasseuse tenant un chien à l'attache : morceau très-rare, du cabinet du grand-duc. Cette estampe est gravée singuliérement,

1654.

comme si le cuivre avoit été préparé légérement pour la maniere noire, & que l'on en eût réhauffé les jours & les clairs avec le grattoir ou le bruniffoir pour donner de l'effet ; le nom de la Belle y est gravé deux fois, l'un au-deffus de l'autre, & est figuré ainfi : *S. D. Bella*. M. de Dijonval poffede deux épreuves différentes de cette planche, l'une préparée en maniere noire, comme on vient de le dire; l'autre, après que cette préparation a été totalement effacée, ce qui forme une estampe à l'ordinaire. Le même nom de la Belle fe trouve également gravé deux fois à toutes les deux épreuves, ce qui prouve que c'est exactement la même planche. Haut. 7 p. larg. 5 p. 6 l.

182. Le Florentin à la chaffe, debout, tenant fon fufil en repos fur fon bras droit ; devant lui est une jeune fille affise qui file au fufeau en gardant fes troupeaux. Morceau en travers. *S. D. Bella*. Haut. du cuivre, 7 p. 3 l. long. 10 p. 6 l.

183. Trois petites planches d'animaux; favoir :

Un porc-épic tourné à droite. Long. 2 po. 4 lig.

Un porc-épic tourné à gauche. Long. 2 po. 6 lig.

Un chameau ou dromadaire, avec deux boffes fur le dos. Long. 3 po. 3 lig.

Hauteur de chacune des trois estampes, 2 po. 10 lig.

Ces trois estampes, extrêmement rares, ont

1654.

été indiquées par M. Huquier, graveur & marchand d'estampes très-connoisseur : il est le seul qui les possede à Paris ; elles paroissent dessinées & gravées par la Belle. Ces trois pieces manquent dans l'œuvre de la Belle appartenant à M. Mariette, aussi paroît-il douter qu'elles soient de ce maître.

On voit dans l'œuvre de la Belle appartenant à M. Paignon de Dijonval, trois petits morceaux qui se trouvent gravés autour d'un portrait du cardinal de Mazarin, par Nanteuil. Quelques curieux prétendent qu'ils ont été faits sur les desseins de la Belle, quoiqu'on n'y découvre ni le goût ni la maniere de ce maître. Ils paroissent plutôt dessinés & gravés par Abraham Bosse, ou par l'ancien Cochin, contemporains de la Belle. Quoi qu'il en soit, pour satisfaire les amateurs qui appréhendent de laisser échapper quelques morceaux de ce célebre artiste, nous ferons mention ici de ces trois sujets. L'un d'eux, qui est en longueur, représente la mort de Louis XIII. Ce morceau est fort joliment dessiné, mais avec moins d'esprit que les ouvrages de la Belle ; il est échancré par le bas : sa hauteur est de 1 pou. 5 lig. sur 4 pou. 4 lig. de long. Les deux autres sont ovales & renfermées dans des cartels de même forme ; l'un représente la bataille de Rethel en décembre 1650,

1650, & l'autre la levée du siege d'Arras en 1654 (1). Ils portent, y compris le cartouche, 3 pou. 3 lig. de haut sur 2 pou. 11 lig. de large.

1655.

184. Les six grandes vues du port de Livourne, en six feuilles en long. La premiere repréfente le môle, avec la belle figure coloffale de Ferdinand I, grand-duc de Tofcane, en marbre blanc, ayant à fes pieds quatre figures d'efclaves Thraces, en bronze, fondues de l'artillerie prife par ce prince fur fes ennemis vaincus : ouvrage magnifique fait par *Pietro Tacca*, éleve de Jean de Bologne. Les cinq autres planches font voir diverfes parties de ce même port, prifes de différens côtés, & des armemens de galeres. *Ste. della Bella inv. & fecit.* 1655. (2) *cum privil. regis Chrift.* Le tout fans nom

---

(1) Ces deux événemens ne peuvent avoir été deffinés par la Belle, puifqu'il avoit quitté Paris & la France au commencement de 1650, comme on l'a dit ci-devant dans la vie de cet artifte.

(2) Le livre italien marque 1635, mais c'eft une faute qu'il eft aifé de reconnoître ; 1°. parce que fur la premiere planche, au bas, il eft écrit, 1655 ; 2°. parce qu'il y eft fait mention du privilege du Roi Très-Chrétien, dont la Belle n'a pu faire ufage qu'après fon retour de France en Italie ; 3°. parce que ces fix planches font gravées dans fa derniere maniere, bien différente de celle qu'il avoit en 1635, avant fon voyage en France & en Hollande, qui tenoit beaucoup de la maniere de graver de Callot; au lieu que celle-ci en eft fort éloignée, & tient plutôt de fon dernier tems. Auffi ne retrouve-t-on plus dans ces fix grands morceaux l'élégance & la légéreté que la Belle a fu mettre dans fes autres ouvrages.

1655.

de marchand. Haut. du cuivre depuis 8 po. 9 lig. jufqu'à 9 po. 5 lig. long. 13 pou.

185. Le carroufel du duc de Modene & les fêtes données dans fon palais, à Modene, à l'occafion du mariage du prince d'Eft (1) fon fils ainé, avec Laure *Martinozzi*, niece du cardinal de Mazarin, premier miniftre de France, contenant les pieces fuivantes:

1. Grande eftampe en hauteur, repréfentant une vue perfpective de la falle de fpectacle où fe faifoient les ballets à cheval, carroufels, &c. Cette falle eft compofée de plufieurs rangs de loges; à fon extrêmité eft une grande ouverture, au-deffus de laquelle on voit un char au milieu d'une gloire célefte; au haut de cette décoration paroît un aigle à deux têtes, les ailes déployées, qui font les armes du duché de Modene. Au milieu de la falle eft un char tiré par quatre chevaux attelés de front, accompagné d'une multitude de cavaliers, & de gens à pied portant des flambeaux allumés pour éclairer la falle. Il n'y a aucune lettre ni titre gravé; on lit feulement: *S. D. Bella f.* gravé très-légérement (2). Haut. 20 pou. 6 lig. larg. 15 pou. 10 lig.

(1) Alfonfe IV, cinquieme duc de Modene & de *Reggio*, naquit le 23 février 1634. Son pere l'ayant amené en France l'an 1655, il y époufa Laure *Martinozzi*, niece du cardinal de Mazarin: ce qui peut avoir donné lieu au carroufel dont il eft queftion ici, & aux fêtes données alors à la cour de François d'Eft fon pere, quatrieme duc de Modene & de *Reggio*, auquel il fuccéda en octobre 1658.

(2) Au bas de cette eftampe, au-deffous du nom de la Belle, gravé à la pointe feche de la main de cet artifte, il a ajouté, 1652, ce

1655.

2. Grande estampe en travers, où l'on voit la décoration de la même salle dans toute sa longueur, avec un grand nombre de cavaliers formant une marche, & quantité de gens à pied portant des flambeaux pour les éclairer ; il y a quatre rangs de loges pour les spectateurs : le tout terminé par les mêmes armes du duc de Modene. Sans aucun titre ni explication. *S. D. Bella fecit.* Haut. 15 po. 6 l. long. 26 po.

3. Autre estampe en travers, beaucoup plus petite, représentant la marche d'un grand vaisseau, accompagné de beaucoup de gens à pied & à cheval. Au bas est écrit : *nave del colombo gia transformata da Nettuno, &c.* Dans le lointain, au milieu de l'estampe, on voit un poisson de grosseur monstrueuse, qui sort de dessous un antre. Au haut sont les armes du duc de Modene. *S. D. Bella f.* Haut. totale avec la lettre, 8 pou. 8 lig. long. 11 pou.

4. Grande estampe en hauteur, de diverses figures de ballets à cheval, séparées en douze quarrés, dont chacune présente un dessein de ce ballet. Au bas, dans l'angle à droite, est écrit : *parte delle fiure del' balletto.* Haut. 11 pou. 4 lig. larg. 8 pou. 6 lig.

5. Autre estampe de même forme & grandeur, séparée en neuf quarrés, dans chacun desquels est une des figures du même ballet ; dans celui du

---

qui pourroit faire croire que ces fêtes ont été données alors, s'il n'étoit avéré par des témoignages plus authentiques, tels que le dictionnaire de *Moreri,* & l'*éloge funebre de François d'Est* (pere du prince dont il est ici question), écrit en italien, & imprimé à Modene en 1659 en un volume *in-folio,* avec beaucoup d'estampes, que ce mariage s'est fait en 1655. On ignore ce qui a pu donner lieu à cette erreur de date de la part de notre artiste.

1655.

milieu où est représenté un char, on lit : *carro di Nettuno che divide la battaglia*. Haut. 11 pou. 4 lig. larg. 7 pou. 10 lig.

6. Figure du ballet, estampe en travers : vingt-quatre cavaliers rangés sur deux lignes paralleles, l'une en haut, l'autre en bas. *St. della Bella*. Haut. 8 pou. 7 lig. long. 12 pou.

7. Autre figure du ballet, estampe en travers : dix cavaliers autour de la planche, & quatre dans le milieu avec des lances. Haut. 8 po. 6 l. long. 12 po.

8. Autre fig. du ballet, est. en travers : vingt-quatre cavaliers sur deux lignes, formant un ovale dans le milieu. Haut. 8 pou. 3 lig. long. 11 pou. 9 lig.

9. Autre fig. du ballet, est. en travers : vingt-quatre cavaliers en quatre bandes, sur deux lignes. Haut. 8 po. 8 lig. larg. 12 po.

10. Autre fig. du ballet, est. en travers : vingt-quatre cavaliers formant une double S. Haut. 8 pou. 7 lig. long. 12 pou.

11. Autre fig. du ballet, est. en travers : vingt-quatre cavaliers se battant deux à deux, & formant deux colonnes en hauteur. Haut. 8 p. long. 11 p. 3 l.

12. Autre fig. du ballet, est. en travers : quatre cavaliers sur une ligne en bas ; au-dessus, cinq autres formant un V, & un cavalier dans le milieu de l'V. *S. D. Bella*. Haut. 8 po. 2 l. long. 11 po.

13. Autre fig. du ballet, est. en travers : dix cavaliers formant un cercle. *S. D. Bella f.* Haut. 8 pou. 2 lig. long. 11 pou.

14. Grande fig. du ballet, est. en travers : marche de soixante cavaliers accompagnés de cent douze gens à pied, avec des flambeaux allumés, qui les

DE LA BELLE.

1655.

éclairent. *S. D. Bella f.* Haut. 9 po. long. 18 po. 6 l.

15. Estampe en hauteur, représentant six grouppes de six sauteurs chacun, faisant divers exercices & équilibres, montés sur les épaules les uns des autres, & formant une espece de pyramide; ils tiennent tous à la main des flambeaux allumés. Haut. 12 pou. 3 lig. larg. 8 pou. 10 lig.

16. Autre estampe en hauteur : cinq grouppes de douze sauteurs chacun, faisant les mêmes exercices dans des postures différentes. Haut. 12 po. 3 l. larg. 8 po. 8 lig.

17. Un grand rocher représentant la caverne d'Eole, située au milieu de la mer, avec les quatre Vents principaux qui soufflent vers les quatre parties du monde. Au haut du rocher, paroît ce dieu des Vents, avec un sceptre & une couronne; plusieurs figures de Vents voltigent autour de lui. Haut. 11 pou. 10 lig. larg. 8 pou. 4 lig.

18. Le Mont-Parnasse (1) : estampe en hauteur. Au bas de cette montagne on voit des philosophes qui conversent ensemble, & plusieurs qui y montent; au haut est l'assemblée des dieux dans le ciel; à gauche, un ange volant sonne de la trompette, avec cette légende : *hâc iter ad superos.* Cette estampe, qui est très-bien gravée, est extrêmement rare, ainsi que la précédente.

186. Quatre grands paysages en hauteur, sans être numérotés & sans aucun nom de graveur ni

---

(1) Au bas de cette estampe, dans l'œuvre de la Belle qui est au cabinet du Roi, on a écrit à la plume : *questo a servito per l'arme del Papa.*

de marchand. Haut. depuis 9 po. jusqu'à 9 po. 6 lig. sur 6 po. 10 lig. de largeur.

1. Le pêcheur presque nud, assis sur le bord d'un marais, tenant une ligne.
2. La jolie fille avec un chapeau de plumes, assise sur son âne, qui arrive, suivie d'un homme à pied.
3. La même, assise sur un cheval, qui s'en retourne, précédée d'un homme à pied qui a un panier au bras.
4. Le berger à cheval, qui fait boire son cheval, son chien & son troupeau.

On y joint ordinairement un cinquieme paysage en hauteur, qui ne paroît point gravé par la Belle, & qui est un peu plus petit que les quatre premiers. Celui-ci, qui est plutôt dans le goût de Jean Asselin, représente des bœufs dans une plaine ; à gauche, des vestiges d'un ancien édifice considérable ; sur le devant, dans la partie ombrée, un voyageur à pied, vu en face. Haut. du paysage, 8 po. 5 lig. larg. 6 po. 3 lig.

187. Un guerrier à cheval (1), emmenant une femme en crouppe derriere lui, & courant à toute bride ; un autre cavalier le suit. *S. D. Bella fecit.* Estampe quarrée, renfermée dans une bordure d'ornemens, surmontée d'un cartel soutenu par deux anges, & terminé vers le bas par un mascaron & une guirlande de fruits. Haut. totale du

---

(1) Florent Lecomte désigne ainsi cette estampe : *sujet avec soubassement & couronnement ; c'est à peu près Clovis emmenant Clotilde.*

1655.

cuivre, 11 po. 2 lig. larg. 8 po. Cette planche est de la suite du cabinet du grand-duc.

1656.

188. Six paysages & marines dans des ronds, sans titre, sans nom de marchand, & sans être chiffrés. Au bas de chacun est écrit : *Stef. Della Bella fecit.* 1656. Diametre des ronds 4 po. 10 l.

1. La petite femme assise sur un cheval, qui s'en va, accompagnée d'un homme à pied, portant un gros paquet sur son dos au bout d'un bâton.

2. Le paysan monté sur son cheval, qui arrive, avec un homme à pied à côté de lui.

3. La femme du satyre, qui allaite un petit enfant; à ses pieds, un de ses petits qui joue.

4. Le satyre qui descend dans l'eau pour se baigner; plus loin, un autre dans l'eau jusqu'à la poitrine.

5. Le forçat qui remue un ballot sur un port de mer.

6. Le Turc assis sur des ballots ; derriere lui, un autre couché sur le ventre & appuyé sur ses coudes.

189. Six grandes vues des ruines de Rome, & autres paysages en hauteur : morceaux presque quarrés, sans nom de marchand & sans être numérotés. Haut. depuis 11 po. jusqu'à 11 po. 6 lig. larg. depuis 9 po. 8 lig. jusqu'à 10 po. 4 lig.

1. Le vase de Médicis. On lit au bas: *Romæ in hortis Medicæis, vas marmoreum eximium. S. D. Bella f.* 1656 (1).

---

(1) Quoique cette suite d'estampes soit gravée par la Belle en 1656, il y a lieu de croire qu'il en a fait les desseins vers 1634, lors de son premier voyage à Rome, à en juger par le jeune homme assis

1656.

2. *Templi Antonini Pii, & rudorum Palatinorum fragmenta in foro Boario.* S. D. Bella 1656.

3. *Arcus Constantini & amphiteatri Flavii Panetina.* S. D. Bella.

4. *Templi Concordiæ inter Capitolium & forum Romanum reliquiæ.*

5. Paysage : les deux cavaliers sur une montagne, qui passent à côté d'un troupeau. S. D. Bella inv. & sec. cum privil. regis Christ.

* 6. Autre paysage : une femme assise sur un cheval, tenant son enfant sur ses genoux, environnée de bestiaux. S. D. Bella f.

190. *Opere di Galileo Galilei. In-quarto*, 2 vol. *in Bologna.* 1656. Un frontispice représentant Galilée à genoux devant trois muses, dont une (qui est l'Astronomie) lui remet entre les mains une lunette d'approche. Dans le ciel, on apperçoit une partie de ses découvertes, comme les satellites de Jupiter, qu'il a appellés les astres de Médicis, &c. Dans le lointain, on voit un vaisseau sur la mer, un canon qui tire, &c. Au bas est écrit : S. D. B. Haut. 7 p. 6 l. larg. 5 p. 6 l.

1657.

191. Deux grands ronds ou ovales applatis, représentans des bacchanales & des jeux d'enfans

---

sur le devant de l'estampe, qui est le portrait de cet artiste lui-même dessinant ce vase, étant encore fort jeune, & par la beauté de ces estampes, dont la gravure est supérieure à tout ce qui a paru de lui depuis son retour de France.

montés

1657.

montés fur des chevres, fans aucun nom de graveur ni de marchand. L'un a 8 po. 2 lig. de diametre, l'autre a la même hauteur fur 9 pou. de long. Ces deux eftampes ont été copiées à s'y tromper, mais les figures font retournées de droite à gauche.

1660.

192. Eftampe quarrée, à l'eau forte, d'un matelot debout, appuyé contre une borne de pierre, à qui un pauvre affis par terre à droite paroît demander l'aumône; plus loin, trois matelots dans une barque, & un homme fur le rivage qui leur parle. *S. D. Bella f.* Haut. de l'eftampe 6 po. 6 l. long. 6 po. 10 lig.

193. Piece dans un rond : efpece de croquis à l'eau forte, qui paroît comme lavé. Sur le devant font deux matelots, l'un affis par terre, l'autre debout; plus loin, un vaiffeau fur le chantier, à moitié couvert par de grandes voiles. Diametre du rond 6 pou. 10 lig.

194. Le tyran *Phalaris* faifant enfermer un homme dans un taureau d'airain pour le brûler tout vif. *Polidoro invent.* Gravé par la Belle à l'eau forte, d'une maniere qui imite un peu le lavis. Haut. 5 pou. 6 lig. long. 7 pou. 4 lig.

195. Lucrece debout, qui fe jette fur la pointe d'une épée pour fe l'enfoncer dans le fein, gravée

1660.

par la Belle dans le même goût que les précédentes, d'après le Parmesan. Haut. 4 po. larg. 2 po. 8 lig.

196. Bas-relief antique d'une femme assise qui se couvre le visage; un jeune homme lui tient le pied gauche qu'il essuie avec une éponge. *Polidoro inven. S. D. Bella f.* Haut. 4 pou. 9 lig. long. 6 pou. 10 lig.

197. Autre bas-relief d'une femme assise, les jambes croisées, les deux bras enveloppés dans une draperie à l'antique, qui lui remonte jusqu'au menton. Haut. 5 po. 4 lig. larg. 4 po. 8 lig.

198. Autre : une femme debout, drapée à l'antique, qui s'efforce d'arrêter un taureau attaché à une corde qu'elle tient. *S. D. Bella.* Haut. du cuivre 5 po. 9 lig. larg. 5 po. 6 lig.

199. Piece en hauteur : un enfant portant un très-grand masque, par la bouche duquel il passe son bras; le fond paroît comme lavé. Haut. 5 po. 3 lig. larg. 4 po.

Toutes ces estampes font partie de la collection qui appartient au grand-duc de Toscane.

1661.

200. *Il mondo festigiante : balletto à cavallo fatto nel teatro congiunto al palazzo del sereniss. Granduca, per le reali nozze de' sereniss. principi Cosimo IIIº. di Toscana, e Margherita Luisa d'Orleans. In-quarto, in Firenze, 1661.* Les planches suivantes sont tirées de ce livre.

1661.

1. *Parte delle figure della battaglia e balletto ; festa à cavallo rappresentata per le reali nozze, &c. il sign.re Alessandro Carducci inventore.* Il y a deux estampes comme au trait sur la même planche, dont chacune est partagée en douze carreaux, dans chacun desquels est une des figures du ballet, les unes en plan, les autres en élévation. Haut. de la planche 11 pou. long. totale 16 pou. 6 lig.

2. Hercule portant le globe terrestre; au bas est écrit : *Comparsa del Ser.mo principe di Toscana, &c. Alessandro Carducci inventore del ballo e battaglia. Ferdinando Tacha ingeniore. S. D. Bella f.* 1661. Hauteur totale du cuivre, 10 pou. 9 lig. long. 16 pou. 2 lig.

3. Le mont Atlas, accompagné de deux chars ; au bas est écrit : *Ordinanza nella quale si fermarono il sereniss. principe le squadre de' Cavallieri, &c. il S.re Aless. Carducci Inv. del ballo e battaglia. Ferd.o Tacha Ing.re. S. D. Bella f.* 1661. Même grandeur.

4. Deux portraits de profil, l'un sur l'autre, dans un même médaillon soutenu en l'air par deux anges volans, dont l'un tient un globe des armes de Médicis, & l'autre une fleur de lys de celles de France ; au-dessus du médaillon est un troisieme ange portant le globe terrestre, avec une légende où sont écrits ces deux mots grecs Κοσμος οσμος. Ces deux profils sont ceux de Cosme III, & de Marguerite-Louise d'Orléans sa femme, dessinés & gravés par la Belle en 1661. Haut. du cuivre 5 pou. larg. *idem*.

Grande estampe en travers (1), où l'on voit trois

---

(1) Quoiqu'il n'y ait nulle part le nom de la Belle sur cette estampe, on la lui attribue néanmoins, & on la met dans son œuvre à la

1661.

grands chars dans une place de Florence, fur le bord de l'*Arno*. A droite & à gauche il y a un drapeau très-ombré, portant pour armes la croix de Tofcane. Dans le lointain à droite, à l'extrêmité d'une rue qui aboutit à cette place, eft une vue du dôme de la cathédrale de cette ville & de fon portail, & le haut d'une tour qui paroît très-penchée, dans le goût de la tour de Pife. Au bas eft écrit: *Ercole Bazicalva* D. D, dans une petite frife très-étroite de 11 lig. de haut fur 14 pou. 6 lig. de long, où les trois mêmes chars font repréfentés très en petit fur une même ligne, avec une grande multitude de cavaliers & de gens à pied. Haut. totale de la planche, 10 po. 6 lig. larg. 16 po.

5. Un morceau très-rare, repréfentant une place de Florence, décorée par une fête publique. Sur la droite de l'eftampe eft un grand palais, orné de plufieurs tapis aux fenêtres; fur le devant on voit une marche de gens à cheval, qui précedent un grand carroffe vuide. Plufieurs amateurs ont attribué cette piece à Callot, mais il eft aifé d'appercevoir qu'elle eft deffinée abfolument dans le goût de la Belle. Haut. 8 pou. 7 lig. long. 12 pou. 6 lig. Elle fe trouve dans l'œuvre de la Belle du cabinet de M. de Dijonval.

201. Eftampe appellée communément *la petite place de Sienne*: c'eft une joûte ou un carroufel,

---

fuite des fêtes pour le mariage de Cofme III, en 1661; elle paroît cependant plutôt gravée dans le goût de Callot, ainfi la Belle pourroit bien n'y avoir aucune part, *Bazicalva* ayant beaucoup travaillé dans la maniere de ces deux maîtres. Voyez ce que nous avons dit ci-devant, note 1, au bas de la page 93.

1661.

dont les figures font extrêmement petites; il y a beaucoup de cavaliers qui courent dans une place publique; sur le devant les figures sont plus grandes; on voit dans le fond un château & une grosse tour quarrée, autre tour très-haute & étroite; sans aucun nom ni lettre. Haut. 3 p. 3 l. long. 5 p.

202. La même petite place de Sienne, dessinée beaucoup plus en petit, avec plusieurs changemens. Haut. 2 p. 9 l. long. 3 p. 7 l. (1).

203. Fête dans la grande place de Saint-Marc à Venise : estampe dont les figures sont très-petites. Haut. 5 po. long. 8 po. 5 lig. Indiquée par M. Joullain fils.

1662.

204. Petite piece en hauteur à l'eau forte, d'un vieillard assis sur une grosse pierre, sur laquelle est écrit en abrégé *S. D. B.* Ce vieillard a un turban sur la tête, une barbe blanche, & une espece de manteau sur les épaules, dont il est enveloppé; derriere lui est une esquisse de vaisseau. Haut. 3 pou. 6 lig. larg. 2 pou. 8 lig.

205. Petite estampe quarrée en longueur, eau forte très-légere & gravée en maniere de lavis,

---

(1) Ces deux petites estampes se mettent indifféremment dans l'œuvre de Callot ou dans celui de la Belle, & paroissent copiées l'une d'après l'autre, à la réserve des figures sur le devant, qui sont supprimées dans la plus petite.

1662.

d'un negre à mi-corps vu par le dos, la tête de profil tournée à droite, faisant manger une poignée de foin à un beau cheval qui a plusieurs plumes d'autruche sur la tête; plus loin à droite, un Turc à cheval. *S. D. B. inv.* Haut. 3 pou. long. 4 pou. 3 lig.

206. Autre pareille estampe, & de même grandeur, d'un Turc à mi-corps tournant le dos, qui tient par la bride un cheval tourné à gauche, dont on voit la tête, le poitrail, & partie des jambes; à gauche dans le lointain, un Turc ou Hongrois à cheval.

207. Autre estampe en long, gravée dans le même goût, de quatre Turcs à mi-corps, avec turban & moustache, dont deux à gauche regardant à droite, & deux sur la droite regardant à gauche. Haut. 2 po. 11 lig. long. 5 po. 5 lig.

208. Autre de pareille forme, de deux Turcs à mi-corps, sur le devant, tournés vers la droite; un autre plus loin; à gauche, un negre regardant vers la droite; à droite, un jeune garçon en bonnet, regardant à gauche. Haut. 3 p. long. 5 p. 1 l.

209. Autre estampe en longueur, gravée dans le goût du lavis. Au milieu, un jeune matelot à moitié couvert d'un manteau, assis sur une butte de terre, la main gauche appuyée sur la tête de son chien; à gauche, un vieillard assis sur des

ballots, sur l'un desquels on lit en abrégé *S. D. B.* Derriere lui, une femme la tête & les épaules enveloppées dans une draperie; dans le lointain à droite, la mer & des vaisseaux légérement ébauchés. Haut. 3 po. 7 lig. long. 6 po. 6 lig.

210. Estampe quarrée, gravée en maniere de lavis. Un enfant portant sur l'épaule gauche un jeune mâtin; un autre chien court après lui. Dans le fond à droite, on voit une femme assise sur une pierre, avec deux enfans; dans le lointain, une tour quarrée & une forteresse. *S. D. Bella.* Haut. 5 pou. 5 lig. larg. 5 pou. 1 lig.

211. Autre dans le même goût. Un enfant assis par terre, apprenant à un jeune chien à se tenir assis sur son cul; plus loin à droite, un enfant qui embrasse un chien; le fond est un paysage. Haut. 5 pou. 4 lig. long. 4 pou. 2 lig. Toutes ces estampes, sans nom de graveur ni de marchand, sont de la collection du grand-duc, ainsi que les suivantes.

212. Croquis très-léger d'un grouppe de cavaliers Turcs sur le devant; dans le fond, une bataille. Haut. 3 pou. 1 lig. long. 5 pou. 1 lig.

213. Fuite en Egypte dans un rond : piece à l'eau forte, gravée dans le goût des précédentes. La Vierge est assise sur un âne, tournée vers la droite; elle tient l'enfant Jesus dans ses bras; un ange

1662.

vêtu d'une longue robe tient l'âne par la bride; saint Joseph va devant; on voit en l'air à droite beaucoup de têtes de chérubins. S. D. B. Diametre du rond 7 po. 8 lig. Cette piece, ainsi que la suivante, fait partie de la collection du grand-duc.

214. Autre fuite en Egypte : piece quarrée, gravée dans le même goût. La Vierge assise sur un âne qui va à droite, & tenant dans ses bras l'enfant Jesus qui est tout nud; à droite, saint Joseph remplit sa gourde à une fontaine. S. D. B. Haut. de la gravure 8 po. 5 lig. larg. 7 po.

215. Croquis d'une espece d'académie d'un homme debout presque nud, le bras alongé, accoté sur un appui de pierre qui est à gauche. Haut. 5 po. 6 lig. larg. 3 po. 4 lig.

216. Deux petites estampes en hauteur, croquis : l'une, d'un enfant qui embrasse une espece de chat ou de manchon de poil; l'autre, d'un ecclésiastique assis, son chapeau pendant à son bras gauche. Haut. 3 po. 4 à 5 lig. larg. 2 po. 2 à 3 lig.

217. Deux autres croquis en longueur : l'un, de deux figures de matelots assis; l'autre, de deux matelots debout sur le bord de la mer.. Haut. 3 po. 4 à 5 lig. long. 6 po. 2 & 9 lig.

218. Autre petit croquis d'un jeune homme à mi-corps, qui embrasse un enfant. Haut. 2 po. 2 lig. long. 3 po. 4 lig.

1662.

219. Petite estampe en travers de trois figures de Turcs à mi-corps, dont deux tournées à gauche; l'un la tête nue, son bonnet à la main; l'autre ayant sur la tête un bonnet couvert de plumes d'autruche; le troisieme tourne le dos aux deux autres, & regarde à droite. Haut. 2 po. 3 lig. larg. 4 po. 1 lig.

220. Autre de pareille grandeur. A gauche, un Turc ou Polonois, la robe retroussée, tenant un cheval par la bride, tous les deux regardant à droite; deux autres figures debout regardant du même côté. Haut. 3 po. long. 3 po. 10 lig.

221. Autre estampe quarrée, de deux Turcs à mi-corps, avec de gros turbans, barbe & moustache, qui se regardent. Haut. 3 p. 4 l. long. 3 p. 5 l.

222. Estampe au trait de six enfans, dont un tient un masque de satyre qui effraie les cinq autres. Haut. 3 po. 4 lig. long. 5 po. 1 lig.

223. Figure en pied, en hauteur, représentant un bouvier ou un vieillard debout, appuyé sur son bâton qu'il tient de la main gauche, & un chapelet de la droite; il a un petit paquet sous le bras droit; dans le lointain, un bœuf vu par derriere. Haut. 3 po. 9 lig. larg. 2 po. 6 lig.

224. Autre estampe servant de pendant, représentant un Polonois debout, regardant à gauche, tenant de la droite son marteau d'armes; un grand

B b

1662.

manteau lui couvre les épaules. Au bas eft écrit en griffonis : TURC. Haut. 3 p. 6 l. long. 2 p. 6 l.

225. Petite eftampe en longueur, d'un foldat allant à droite, portant fon fufil fur l'épaule gauche, la croffe en haut, & tenant une poule pendue par les pattes ; devant lui, une femme à cheval, avec un chapeau fur la tête, tenant un enfant dans fes bras ; plus loin, un homme qui marche devant elle & qui paroît fumer. Haut. 3 pou. 3 lig. long. 5 pou.

Ces treize petites eftampes font dans l'œuvre de la Belle appartenant à M. Paignon de Dijonval, & je ne les ai vues nulle part ailleurs.

1663.

226. Bataille des Amalécites : piece en longueur, avec quatre vers au bas. *Stef. della Bella inv. & fecit cum privil. Regis.* Haut. avec les vers, 4 po. 6 lig. long. 10 po. 3 lig.

227. La grande Mort à cheval, triomphante dans les batailles : grande eftampe en longueur, avec douze vers françois au bas. Haut. 8 po. long. 10 po. 11 lig.

1664.

228. La fixieme Mort dans un ovale en hauteur : on y voit la mort qui jette un jeune homme dans un puits ; le fond eft un rocher ; plus loin, une pyramide. Cette derniere eftampe, commencée

1664.

par la Belle, a été achevée par Jean-Baptiste *Galef-*
trucci, Florentin, éleve de la Belle, celui-ci étant
tombé malade mortellement, comme il travailloit
à cette planche. Haut. 6 po. 3 lig. larg. 5 po.

Mort d'Etienne de la Belle à Florence, le 22
juillet 1664, âgé de 54 ans 2 mois & 4 jours.

1750.

229. Véritables griffonnemens inventés & deſſinés par la Belle, gravés par le comte de Caylus, en ſix grandes feuilles : à Paris, chez Baſan. Haut. de chacune, 10 po. 3 lig. long. 13 po.

Nous ferons ſeulement ici mention d'un grand cartel en longueur, très-douteux, qui eſt inſéré dans l'œuvre de la Belle du cabinet de M. de Dijonval. Il eſt gravé à une ſeule taille, dans le goût de Mellan ou de le Clerc ; aux deux extrêmités ſont deux anges volans à mi-corps, tenant chacun un bout du cartel; les têtes, les mains & les bras des deux anges ſont deſſinés ſans eſprit. Cette eſtampe paroît une copie qui ne tient en aucune maniere du goût de la Belle. Hauteur de cette eſpece de vignette, 2 po. 3 lig. long. 16 po. 3 lig.

Sieges & batailles, tirés du grand Beaulieu ou d'ailleurs, deſſinés & gravés par Etienne de la Belle, ou gravés d'après ſes deſſeins par différens maîtres (1).

PLAN du ſiege de la Rochelle, priſe par l'armée du roi Louis XIII, le 30 octobre 1628, avec une vue ou profil de l'eſtacade & du ſiege de cette ville en élévation au-deſſus du plan. *Stef. della Bella delin. & fecit.* Haut. totale des deux deſſeins ſur le même cuivre, 14 pou. long. 19 pou.

Profil de Landrecy en Henault, 1637. *N. Cochin fecit.*

---

(1) Nous n'aſſurerons point que toutes les eſtampes indiquées ici ſont ou deſſinées ou gravées par la Belle, il pourroit bien ſe faire qu'il y en eût quelques-unes où cet artiſte n'auroit nulle part ; cependant comme il eſt certain qu'il a été à Paris depuis 1640 juſqu'en 1650, & que pendant les dix années de ſon ſéjour dans cette capitale, il a deſſiné & même gravé par ordre de la cour divers ſieges & batailles, tels que le ſiege de la Rochelle, celui d'Arras en 1640, &c. il eſt à préſumer qu'il aura du moins préſidé à la gravure de toutes les planches ſuivantes qui paroiſſent tenir de ſa maniere. D'ailleurs, dans la crainte de laiſſer échapper quelque morceau de ce maître, nous avons mieux aimé en riſquer quelques-uns qui nous ont paru douteux ; & nous avons ſuivi en cela le conſeil de pluſieurs curieux & amateurs, qui ont cru appercevoir dans ceux-ci quelque choſe de la touche ou du génie de la Belle, ſoit dans le payſage, ſoit dans les figures qui accompagnent ces plans & profils.

Plan du siege du Castelet, 14 septembre 1638. *N. Cochin sculps.*

Profil du Castelet en Picardie, 1638, pris le 14 septembre. *N. Cochain sculp.*

Plan du siege de Saint-Omer : morceau des premiers tems de la Belle, fait en forme de carte topographique, avec des gens à cheval sur le devant, gravé par cet artiste avant son voyage en France : *assez rare*. La légende d'explication des lettres de renvoi est en italien. *Stef. della Bella fecit.* 1638. Il n'y a point de profil. Haut. 13 pou. 9 lig. long. 16 pou. 6 lig.

Hesdin, 1639. Artois. Prise le 29 juin. *N. Cochin fecit.* Il faut avoir ce profil avec la lettre ainsi gravée au haut, avant les corrections, avant le grand arbre ajouté par Perelle à droite sur le devant, & avant qu'elle ait été coupée sur la gauche.

Plan du siege d'Arras (1), par le cardinal de

(1) Ce siege est dessiné à vue d'oiseau, ce qui fait qu'on en peut découvrir facilement toutes les opérations ; on peut dire que ce morceau est un des plus savans de la Belle : il a représenté ce siege tel qu'il doit paroître, étant vu du sommet d'une haute montagne ; les dégradations y sont observées avec la plus grande exactitude : on y découvre une plaine immense, qui ne se ressent point de la sécheresse d'une carte topographique, telle qu'on a coutume de les représenter. Il est rare de le trouver beau d'épreuve, les lointains en étant ordinairement effacés. On reconnoît les premieres épreuves à un cheval mort qui est sur le devant, vers la gauche du terrein ; il est presque toujours ombré fortement, au lieu qu'il étoit blanc & éclairé aux épreuves qu'on a tirées d'abord.

Richelieu, avec le profil des travaux du siege, & la vue de la ville en élévation dans une espece de vignette au-dessus du plan, & de toute sa longueur : sans aucun titre ni lettre d'explication. Cette ville a été prise par l'armée de Louis XIII le 9 août 1640. Au bas du plan, dans l'angle à droite, est gravé de la main de la Belle, *Ste. Della Bella Inv. & fec. Parisiis*. 1641. Sur le devant du plan on voit une marche des bagages de l'armée assiégeante, & un cheval mort qui se trouve sans ombre dans les premieres épreuves. Haut. 14 pou. long. 19 pou.

Siege & profil d'Erre en Artois, 1641.

Autre profil d'Aire en Flandre. *N. Cochin fecit.* Celui-ci paroît beaucoup dans le goût de la Belle.

Profil de Collioure en Roussillon, du 13 avril 1642. *N. Cochin fecit.*

Plan de la ville & citadelle de Perpignan, assiégée par Louis XIII en avril 1642, prise le 9 août suivant ; avec la vue & le profil de sa citadelle prise le 9 septembre de la même année, gravé au-dessus du plan : le tout sur une même feuille, désignée par Beaulieu (c'est-à-dire la Belle), & gravée par Collignon. Haut. du plan, sans la bordure, 16 p. 8 lig. haut. du profil 5 pou. long. totale 20 pou.

La bataille de Rocroy, gagnée par le duc d'Anguien en juin 1643 : en quatre grandes feuilles qui se collent ensemble, entourées d'une bordure de palmes, avec le portrait du duc d'Anguien au haut, &c. *St. D. Bella delineavit. Fr. Collignon sculpsit.* Haut. 40 po. 1 lig. larg. 37 po. 8 lig.

Carte de la circonvallation de Theonville, prise le 10 août 1643, avec le profil du siege au-dessus du plan. Au bas à gauche, est le plan des deux attaques; à droite, la carte du gouvernement de Theonville : dessiné par de Beaulieu (c'est-à-dire la Belle), & gravé par Collignon. Haut. du plan 17 p. 8 l. haut. du profil 5 po. 4 l. long. 20 à 22 po.

Profil de Thionville en Luxambourg. *N. Cochin sculp.* avec des lettres, relatives au siege de cette ville en 1643, dont l'explication est au bas de la planche.

Prise de trois vaisseaux Turcs, en décembre 1643, dessiné & gravé par la Belle. Haut. 15 po. long. 18 po. 6 lig.

Plan & siege de la ville de Gravelines, prise par M. le duc d'Orléans. *Richer fecit.* Haut. 15 po. 3 lig. long. 19 po. 7 lig.

Profil de Gravelines en Flandre, prise le 28 juillet 1644. *N. Cochin fecit.* Haut. 5 po. long. 19 pou. 6 lig.

La glorieuse campagne de M. le duc d'Anguyen, commandant les armées de Louis XIV, avec la prise de Philisbourg & de vingt autres places, &c. les combats donnés devant la ville & château de Fribourg, &c. par M. le duc d'Anguien, les 3, 5

& 10 août 1644 : par le sieur de Beaulieu, en quatre grandes feuilles qui se collent ensemble, avec une forte bordure, & le portrait du duc d'Anguien au haut. Haut. de l'estampe collée, 44 p. 4 lig. larg. 33 po. 10 lig. *Stef. D. Bella inv. Cochin sculpf.*

Plan du siége & prise de Philipsbourg, le 9 septembre 1644.

Profil de Philipsbourg au Palatinat. *Adam Perelle sculpf.*

Entrée du duc d'Anguien dans Philisbourg. *Steph. della Bella inventor. N. Cochin sculpf.* Au bas est gravé : *de l'impression de A. Boudan, Imprimeur du Roy des tailles douces, &c.* Haut. 5 po. 6 l. long. 17 po. 6 lig.

Plan du siege de la Mothe, le 7 juillet 1645. *N. Cochin fecit.* Haut. 15 po. 7 l. long. 19 po. 9 l.

Profil de la Mothe en Lorraine. *N. Cochin sculpf.*

Profil de Mardick en Flandre, pris le 24 août 1645. *N. Cochin fecit.*

La bataille de Nordlingen, donnée le 3 août 1645, par M. le duc d'Anguien. Ordre de la bataille de Nordlingen, par le sieur de Beaulieu, 1646. Au bas est écrit : *Beaulieu invent. & fecit, in Nordlingen. Stef. de Bella delineavit. Cochin sculpsit.* En quatre grandes feuilles entourées d'une riche bordure, avec le portrait du duc d'Anguien au haut de la planche. Hauteur des quatre feuilles collées

collées enfemble 50 pou. larg. 33 pou. 6 lig.

Profil de Nordlingen, du 3 août 1645. C'eſt un autre que celui où il eſt écrit : *Nordlinguen en Souabe Imp.* qui n'eſt point de la Belle.

Profil de Balaguier en Catalogne. *N. Cochin fecit.*

Profil de Bethune en Artois, 1645. *N. Cochin ſculp.* Haut. 6 po. long. 18 po. 8 lig.

Combat naval devant l'iſle de Rhodes, entre des galeres de Malthe & des vaiſſeaux Turcs : piece en long, gravée d'après les deſſeins de la Belle, 1645. Haut. avec la lettre 6 po. long. 18 po. 6 lig.

Profil de Courtray en Flandres, 1646. *N. Cochin ſec.*

Plan du ſiege de Bergues-Saint-Vinox, août 1646 : *très-douteux ;* les figures d'en bas étant une copie de celles qu'on voit au bas de la grande bataille de Nordlingen en quatre feuilles.

Profil de Furnes en Flandres, 1646. *N. Cochin fecit.*

Profil du fort de *Plombino* en Italie. *N. Cochin ſculp.* 1646.

Profil de *Portolongone* en l'iſle d'Elbe, 1646. *Adam Perelle ſcup.* Haut. 5 p. 6 l. long. 18 p. 6 l.

Plan du ſiege & priſe de Dunkerque, par le duc d'Anguien, le 11 octobre 1646. Haut. ſans la bordure, 15 po. 3 l. long. y compris la bordure 20 po.

Profil de Dunkerque en Flandre. *Cochin ſculp.* 1646. Haut. 5 po. 3 lig. long. 20 po.

Profil du fort de Mardick, pris le 24 août 1646. Celui-ci paroît deſſiné & gravé par la Belle. Haut. 5 po. 3 lig. long. 19 po. 6 lig.

Profil de la Baſſée en Artois, priſe en 1647. *N. Cochin fecit.* Haut. 5 po. 3 lig. long. 19 po. 6 lig.

Profil d'Ager en Catalogne, 1647. *N. Cochin ſculp.*

La priſe de la ville d'Ypres, par M. le prince de Condé. *S. De la Bella in. N. Cochin fe.* Petite eſtampe en hauteur, renfermée dans une guirlande ovale. Haut. totale du cuivre, 7 pou. 6 lig. larg. 5 pou. 6 lig.

Profil d'Ypres en Flandre, 1648. *N. Cochin ſculp.* C'eſt un autre profil d'Ypres que celui qui eſt gravé par Perelle, dans lequel la Belle n'a aucune part.

La bataille de Lens en Flandre, gagnée ſous Louis XIV, par M. le prince de Condé, le 20 août 1648 : en quatre grandes feuilles, avec bordure de branches de lauriers, & le portrait de M. le Prince au haut. Grandeur des quatre feuilles collées enſemble, 43 po. de haut ſur 36 po. de larg.

Vue de la bataille de Lens, plus en petit, le 20 d'août 1648. *N. Cochin ſculpſ.*

Plan de la ville & château de Tortoſe en Catalogne, priſe le 12 juillet 1648. Haut. 17 po. long. 20 pou.

Profil de Tortoſe en Catalogne, 1648. *N. Co-*

chin sculp. Haut. 6 pou. 3 lig. long. 18 pou. 8 lig.

Profil de Monmedi en Luxembourg. *N. Cochin fecit.* Cette estampe est totalement dessinée dans le goût de la Belle, & l'année 1657 qui est sur la légende paroît y avoir été ajoutée après coup; c'est un des plus jolis profils de cette suite.

Profil d'Arras en Artois. *N. Cochin fecit.* avec des chiffres qui indiquent la situation des principaux édifices de la ville & de la cité d'Arras.

Fin des conquêtes du Roi (1) *par la Belle.*

Disegno dell' attacco del forte posto di Longone, tenuto da Francesi, &c. il di 15 *agosto* 1650. *al*

---

(1) Florent Lecomte, dans son catalogue de l'œuvre de la Belle, (tome II, seconde partie, au bas de la page 110) fait mention d'une piece en large, représentant *la bataille de Rethel*, sans indiquer l'année, & sans entrer dans aucun détail à ce sujet; mais comme il n'y a point eu, dans tout le cours de la vie de la Belle, d'autre bataille de Rethel que celle qui est dans la suite du grand Beaulieu, datée du mois de décembre 1650, il est facile de faire voir que cet auteur se trompe : 1°. parce que la Belle étoit alors de retour à Florence; 2°. parce que cette planche, gravée par Ertinger, n'est ni du dessein, ni de la composition de notre artiste Florentin; 3°. parce qu'on lit au bas le nom du dessinateur, marqué en abrégé par un D & une R, & celui du graveur *Ertinger* tout au long. Ces deux lettres initiales D R, paroissent désigner le nom d'un neveu du sieur de Beaulieu, appellé *Des Roches*, qui étoit ingénieur, ainsi que son oncle. Comme on voit ces mêmes lettres D R au bas de presque toutes les batailles du recueil du chevalier de Beaulieu, qui ont été gravées par Ertinger, il y a lieu de présumer que le sieur des Roches possédoit assez le dessein pour crayonner des plans & des croquis de ces batailles, qu'Ertinger rectifioit ensuite avant que de les graver.

illuſtr. ſignore conte d'Ognat, vice re di Napoli, Stefano della Bella dona e dedica. Au bas eſt écrit : *S. D. Bella fecit.* Haut. avec l'explication en italien qui eſt au bas, 16 po. 3 l. long. 20 po. 8 l.

Eſpugnazione delle Fortif. et piazza di Piombino, &c. all' Illuſtr. Sign. Conte di Converſano, Firenze, 15 agoſto 1650. Livio Meus dona e dedica. S. D. Bella fecit. Haut. avec l'explication en italien qui eſt au-deſſous du plan, 12 pou. 3 lig. long. 16 pou. 6 lig.

Fin du Catalogue.

Estampes de la Belle qui se vendent à Paris chez Audren, graveur, rue Saint-Jacques.

Disegno dell' attacco del posto di Longone, liv. s. grande estampe sur la feuille entiere.	2	
Espugnazione del Piombino, idem, un peu plus petite.	1	10
Les six grandes vues du port de Livourne, en six feuilles.	4	10
Vue du château Saint-Ange à Rome.		15
Livre de quatre petites vues d'Italie.	3	
Deux très-beaux paysages en hauteur.	2	
La bataille des Amalécites, en longueur.	1	
Recueil de divers paysages, en douze feuilles.	4	
Livre de six feuilles longuettes, dédiées à M. de Maulevrier.	3	
Livre de divers embarquemens, en six feuilles.	2	5
Diverses figures, en huit feuilles.	2	5
Les grandes frises, en douze feuilles.	3	5
Frises, feuillages, & grotesques, en huit pieces.	1	
Divers exercices de cavalerie, en vingt feuilles.	3	
Desseins de quelques conduites de troupes, en douze feuilles.	3	
Divers caprices en treize feuilles	2	
Livre pour apprendre à dessiner, en vingt feuilles.	2	
Diverses têtes & figures, en vingt feuilles.	2	
Recueil de divers griffonnemens.	2	5
Diverses pieces nécessaires à la fortification, en treize feuilles.	2	
Recueil de têtes coëffées à la Persienne, en douze pieces.	2	
Agréables diversités.	2	10

		liv.	f.
Quatre morceaux détachés, quatre feuilles.		1	
Les quatre faisons : petites en hauteur, quatre pieces.		1	
Le départ de Jacob, piece en longueur.			6
Le vaisseau de Douvre.			6
La Place Royale & la Place Dauphine, deux petites planches.			10

Autres estampes de la Belle provenant du fonds de M. Mariette, qui se vendent chez différens graveurs.

Chez M. Bazan, graveur & marchand d'estampes, rue & hôtel Serpentes.

	liv.	f.
Recueil de quarante griffonnemens & épreuves d'eau forte, par de la Belle, en 40 planches.	3	
Recueil de divers animaux, par le même, en 24 planches.	3	
Principii del disegno, en 25 planches, y compris le titre.	3	
Ornamenti di fregi & fogliani, seize frises fort longues.	2	8
Divers exercices militaires, en six feuilles.	1	4
Varie figure : livre de combats & exercices, en huit planches.	1	4
Livre de diverses marines, en huit feuilles.	1	4
Divers paysages, en huit feuilles.	1	4
Quatre sujets de Vierges, deux ronds, & un enfant, en tout sept pieces.		4
Véritables griffonnemens dessinés par la Belle, gravés par le comte de Caylus, en six grandes planches.	2	8
Le Florentin à la chasse, piece en travers.		8

Chez Aliamet, graveur, rue des Mathurins, vis-à-vis la rue des Maçons.

	liv.	f.
La grande vue perspective du Pont-Neuf.	6	
Les treize paysages dans des ronds, dédiés au baron de Dormelles.	4	10
Quatre feuilles de têtes de chameaux, lions & chevaux.	1	4
Raccolta di varii capricii, dix-huit fort beaux cartels, dont douze grands en hauteur, & six plus petits en travers.	6	
Nouvelles inventions de cartouches, en douze petites planches en hauteur.	2	8

Chez Desnos, libraire & géographe, rue Saint-Jacques, proche la fontaine Saint-Severin.

Douze paysages en long, avec sujets de figures.

Les quatre élémens, en quatre paysages longuets: *terra, aqua, ignis, aer.*

Diversi capricii fatti per S. D. Bella, en 24 planches, représentant divers sujets.

Le tout 4 liv. 10 sols.

Chez Leviés, marchand d'estampes, rue Saint-André des-Arts, entre la rue de l'Eperon & la rue des Augustins.

Dix différens sujets de Vierges, par la Belle.

Raccolta di vasi diversi, en six feuilles longuettes.

Chez Chereau, graveur, rue Saint-Jacques, entre la rue du Foin & la rue des Mathurins, aux deux Piliers d'or.

Cinq sujets ovales en hauteur, représentant la Mort qui enleve des gens de tout âge.

Cinq grands payfages & ruines, en hauteur.
Le départ de Jacob pour aller trouver Joseph en Egypte.

Eftampes de la Belle, du fonds de Roffi, qui fe vendent à Rome, à la Chambre Apoftolique.

Entrata e cavalcata dell' ambafciatore del Re di Pollonia à Papa Urbino VIII, l'anno 1633, in fei mezzi fogli reali grandi, per traverfo. 50 bajoques (1).

Difegni di condotte di foldati, cannoni, e altri efercxi militari, libro in 12 pezzi in ottavo imperiale per traverfo. 30 baj.

Diverfi imbarchi e vedute di mare e di navi, libro in 10 quarti fogli imper. per traverfo. 30 baj.

Vedute di paëfini diverfi in tondo, libro in 13 quarti fogli imper. per traverfo. 30 baj.

Cartelle, targhe, e ornamenti diverfi: libro in 13 mezzi fogli imper. 40 baj.

Altro libro di cartelle e ornamenti diverfi: libro in 13 quarti fogli per traverfo. 20 baj.

Raccolta di vafi, e fiori diverfi: libro in fei quarti di foglio imperiale per traverfo. 15 baj.

Veduta del ponte di Pifa col combattimento, &c. difeg. da St. della Bella, intagl. in acqua forte da Ant. Fr. Lucini, in foglio reale per traverfo. 5 baj.

Toutes ces eftampes paroiffent des copies, excepté le premier & le dernier article.

---

(1) Le bajoqne romain eft une monnoie d'Italie équivalente à notre fol de France, mais qui vaut quelque chofe de plus; enforte que 10 de ces bajoques valent 11 de nos fols.

Estampes de la Belle qui forment la collection du grand-duc de Toscane, & qui se vendent actuellement chez Bouchard, libraire & marchand d'estampes à Florence.

Quatre pieces d'éventails.
Six estampes d'aigles.
Onze planches de Maures & Persans à cheval.
Cinq planches d'enfans.
Neuf planches de chasses.
Quatres planches de squelettes.
Six vues de *Pratolino*.
Quatre estampes de danses, & un souper.
Six paysages dans des ronds.
Estampe d'une femme avec un chien.

Ces 57 estampes se vendent à Florence 22 paules florentins, ce qui revient à 14 liv. 13 sols 4 den. de notre monnoie, sur le pied de 13 s. 4 den. le paule florentin.

Estampes de la Belle, dont les planches sont au garde-meuble du grand duc de Toscane, à Florence, & qui, étant totalement usées, ne s'impriment plus à présent.

La découverte de l'image miraculeuse de *la Madona dell' Imprunetta*, en 1633.
Galilée montrant à trois muses les étoiles de Médicis.
Les vues du colosse & des autres parties du port de Livourne, en six planches.
Frontispice pour le discours prononcé par P. *Strozzi*, aux obseques de l'empereur Ferdinand II, à Florence.
Les armes de l'empereur Ferdinand II.
Portrait de l'empereur Ferdinand II.
Vues du portail de *St Lorenzo* à Florence, & du catafalque qui y fut érigé pour l'empereur Ferdinand II.

Deſſein du catafalque érigé dans l'égliſe de *St Lorenzo*, &c. en 1637.

Divers cartels d'ornemens pour cette même pompe funebre.

Frontiſpice d'un livre *in-folio*, intitulé : *il Coſmo, overo l'Italia trionfante*.

Portrait du *Tedeſchino*, bouffon du palais, repréſenté à cheval, &c.

Diverſes eſtampes d'après des bas-reliefs antiques.

Tête de cerf avec ſon col, & autres têtes de très-beaux chevaux.

Bataille, au-deſſus de laquelle on voit ſaint Proſper délivrant une ville aſſiégée.

Deux planches d'écrans, avec quelques figures & caracteres en façon d'énigmes.

Très-belle eſtampe en long, du triomphe de la mort.

Eſtampe quarrée de deux cavaliers qui enlevent une femme, &c.

Autre d'une femme qui retient un taureau attaché à une corde.

Douze eſtampes de perſpectives de comédies & ballets à cheval pour le mariage de Ferdinand II, en 1637.

Portrait du prince François, frere de Ferdinand II, grand-duc de Toſcane.

Portrait au naturel de Marguerite *Coſta*, Romaine.

F I N.

TABLE
DU CATALOGUE
DE L'ŒUVRE D'ETIENNE DE LA BELLE.

1626.
	pieces.
1. Saint Antonin, archevêque de Florence.	1
2. Deux petites estampes de gantelets.	2

1627.
3. Notre-Seigneur expliquant les écritures.	1
4. Festin magnifique dans la salle du grand-duc.	1

1628.
5. *Presa delle due galere di Bizerta.*	1
6. Saint Antoine : *super aspidem*, &c.	1
7. Petite estampe quarrée d'un homme décapité.	1
8. *Hippolitus Galantinius.*	1
9. Saint Joseph : *prega in tanto periglio.*	1

1629.
10. *Effigie del glorioso martyre S. Benedetto.*	1
11. Seize petites estampes quarrées.	16

1630.
12. Douze petits sujets pour un roman *in-12.*	12
13. Deux petits sujets de martyrs.	2
14. Le saint vieillard qui passe à travers les flammes.	1
15. Facétieuses inventions d'amour & de guerre, en treize pieces.	13
	55

D d ij

1630.   pieces.
De l'autre part.   55
16. *Gli commentari del Sig. Blasio di Montluc.*   1

1631.
17. Deux paysans debout, & un mulet avec son bât.   1
18. Un homme en manteau vu par derriere.   1
19. Portrait de Sigismond *Boldoni.*   1
20. Polonois debout tenant sa hache.   1

1632.
21. *Franciscus ex principibus Etruriæ.*   1
22. Frontispice pour la canonisation de St *Andrea Corsini.*   1
  Vingt emblêmes pour le même sujet.   20
23. Quatre petites estampes de charges Callotines.   4
24. *Dialogo di Galileo Galilei.*   1
25. Petite estampe Callotine.   1

1633.
26. L'église triomphante.   1
27. Image miraculeuse de N. D. *dell' Imprunetta.*   1
28. Entrée de l'ambassadeur de Pologne à Rome.   6
29. Trois frises antiques.   3
30. Lampe antique dans un globe.   1

1634.
31. Les huit moyennes marines gravées à Rome.   8
32. Réjouissances sur le fleuve d'*Arno* à Pise.   1
33. *Festa fatta in Roma.*   1
34. Quatre planetes, d'après Raphaël.   4
35. *Castello S. Angelo.*   1
36. *Lactis physica analysis.*   1

1635.
37. Portrait de *Horatius Gonzales.*   1
38. Petit fleuron des armes de Médicis dans un cartel.   1
            118

1635. pieces.
Ci-contre. 118
39. Autre cartel des armes des Barberins. 1
40. *Vera effigies S. Domini i in Suriano.* 1
41. Saint François à genoux dans un cartel, &c. 1

1636.
42. *Il Cosmo, overo l' Italia trionfante.* 1
43. *Sine orbibus orbæ.* 1
44. Grand cartel d'ornement : *quest' un soccorso.* 1
45. Très-grand aigle, les ailes déployées : *jamès aultre.* 1
46. L'éventail. 1
47. Autre éventail. 1

1637.
48. *Ferdinandus II, Romanor. Imperator.* 1
49. *Essequie di Ferdinando II.* 1
50. *Facciata della chiesa.* 1
51. *Catafalco.* 1
52. *Veduta della chiesa per di dentro.* 1
53. Vue perspective du catafalque. 1
54. Pièce d'armoirie pour Ferdinand II. 1
55. Huit emblêmes pour cette pompe funebre. 8
56. Fleuron pour le titre des fêtes de Florence. 1
57. *Le nozze de gli Dei.* Frontispice. 1
 Sept estampes pour sept scenes différentes. 7
58. *Figure della festa à cavallo.* 1
59. Portrait à cheval de *Bernardino Ricci.* 1
60. Portrait d'un sénateur Florentin. 1

1638.
61. *Prima institut. di vall' ombrosa.* Deux estampes. 2
62. Le marché ou la halle. 1
63. Deux petits paysages longuets. 2
64. Trois enfans grouppés singuliérement, d'après le Guide. 1

160

1639.

	pieces.
De l'autre part.	160
65. S. Antonio di Padua.	1
66. Thefe foutenue à Rome, &c.	1
67. Grande eftampe du fyftême de Copernic.	1
68. S. Profper qui vient fecourir une ville affiégée.	1
69. Petit ovale de l'intérieur d'une églife.	1
70. Deux écrans en *rebus*, ou logogryphes.	2

1640.

71. *La felva di cipreffi.* Frontifpice *in-quarto*.	1
72. Portrait de Marguerite *Cofta*.	1
73. Frifes, feuillages, & grotefques, en 8 pieces.	8

1641.

74. Mirame, tragi-comédie, en fix planches.	6
75. Divers deffeins tant pour la paix que pour la guerre, en fix feuilles.	6
76. Recueil de pieces néceffaires à la fortification, en quatorze pieces.	14
77. Les quatre faifons, dans des cartels, quatre planches.	4
78. Divers payfages, en quatre feuilles.	4
79. Deux petits payfages dans le goût de Silveftre.	2
80. Quatre payfages en long, gravés par Goyran.	4
81. Frontifpice pour les œuvres de Defmarets.	1
82. Dendrologie, ou la forêt de Dodonne, trois planches.	3

1642.

83. Le repofoir de M. Tubeuf.	1
84. Agréable diverfité de figures, en treize pieces.	13
85. Livre de plufieurs petits caprices, en treize planches fort petites.	13
86. Divers exercices de cavalerie, en dix-neuf piec.	19

267.

1643. pieces.
Ci-contre. 267

87. Grande figure feule de pantalon. 1
88. Divers payfages dédiés au duc d'Anguien, en douze feuilles. 12
89. Quatre payfages gravés par Collignon. 4
90. Quatre autres gravés par le même. 4
91. Portrait de Louis XIII à cheval, par Pierre Daret. 1

1644.

92. Deffeins de quelques conduites de troupes, &c. en douze feuilles. 12
93. Payfages maritimes, fept feuilles. 7
94. Divers embarquemens, en huit planches. 8

1645.

95. Portrait d'Ofman, fils d'Ibrahim. 1
96. Le char de triomphe confacré à la gloire de Louis XIV. 1
97. Carte méthodique & fuccinte du blafon. 1
98. Table du cri de guerre & de la devife. 1
99. Montjoye Saint-Denis. 1
100. La Judée captive, frontifpice *in-quarto*. 1
101. *Fefte theatrali*. Frontifpice *in-folio*. 1
102. Cinq décorations théâtrales, par *Giac. Torelli*. 5
103. *Balletti d'invenzione*, de *Gio: Batta. Balbi*, en dix-neuf planches. 19
104. Trois petites eftampes de joueurs de gobelets. 3
105. *Il Nino figlio*, *tragedia*. 1
106. *Li buffoni*, *comedia*. 1
107. Départ de Jacob de chez Laban. 1
108. Voyage de Jacob en Egypte. 1
109. *Varie figure*. Combats & exercices, huit planch. 8
110. Les huit moyennes marines. 8

370

1645. pieces.

De l'autre part. 370

111. Vues & perspectives nouvelles, par Goyran, huit planches. 8

1646.

112. Perspective du Pont-neuf de Paris. 1
113. *Vestigii del tempio della pace.* Goyran. 1
114. Chapelle de Sainte Marie Majeure. Goyran. 1
115. Grande carte du royaume des cieux. 1
116. Jeu de cartes des fables ou de la métamorphose. 53
117. Jeu de cartes pour la géographie. 53
118. Jeu des reines renommées. 53
119. Cartes des rois de France. 40
120. La milice moderne, par *Bern. Imbotti*, in-8°. 1
121. Premier recueil de divers griffonnemens, 23 planches. 23
122. Second recueil de griffonnemens, en 47 planch. 47
123. Troisieme recueil de griffonnemens, 23 planc. 23
124. *Raccolta di varii capricii*, 18 feuilles de cartels. 18
125. Recueil de douze cartouches en travers. 12
    Plus, deux autres cartouches. 2
126. *Varii capriccii militari*, en six feuilles. 6
127. Livre de treize paysages dans des ronds. 13
128. Six estampes d'animaux dans des ronds. 6
129. *Raccolta di vasi diversi*, en six feuilles. 6
130. Recueil de diverses pieces servant à l'art de portraiture, en 39 pieces point chiffrées. 39

1647

131. Table succinte des ornemens de l'écu, &c. 1
132. Marques & ornemens extérieurs de l'écu. 1
133. Nouvelles inventions de cartouches en hauteur. 12
134. Livre de huit petites marines. 8

799

1648.

Ci-contre. 799

135. La grande Renommée pour la carte du cours de la Loire. 1
136. Les quatre élémens, en quatre paysages en long. 4
137. Les cinq morts, dans des ovales en hauteur. 5
138. *Ornamenti di fregi et fogliani*, seize frises. 16
139. *Diversi capricci*, 24 petites pieces quarrées. 24
140. *Diversi animali*, en 24 pieces. 24
141. Paraphrase des pseaumes, par Godeau : un fleuron. 1

1649.

142. *Diverse figure et paesi*, en huit feuilles. 8
143. Les plans & élévations de N. D. de Lorette, en sept planches. 7
144. Frontispice *in-*4°. pour les œuvres de Scarron. 1
145. *I principii del disegno*, en tout trente-deux planc. 32
146. Livre pour apprendre à dessiner, en seize feuilles, point chiffrées. 16
147. Douze paysages en long, point numérotés. 12
148. Piece quarrée : la sainte Vierge assise, &c. 1
149. Piece octogone : la sainte Vierge tenant l'enfant Jesus, &c. 1
150. Piece ronde : la sainte Vierge donnant à tetter à l'enfant Jesus. 1
151. Piece ronde : la sainte Vierge assise, tournant le dos, &c. 1
152. Piece ovale en hauteur : la sainte Vierge assise dans un fauteuil. 1
153. Piece ronde : la Vierge, assise se pressant le sein. 1
154. Petite piece ronde : la sainte Vierge assise, &c. 1
155. Piece en longueur : la S^{te}. Vierge assise par terre. 1

958

1649.   pieces.

De l'autre part. 958

156. Grande piece quarrée : la sainte Vierge assise sur une butte de terre. 1
157. Piece ronde : la sainte Vierge tenant l'enfant Jesus tout nud, &c. 1
158. Grande piece quarrée : la sainte Vierge assise par terre. 1
159. Piece en hauteur : petite fuite en Egypte. 1
160. Piece en hauteur : autre fuite en Egypte. 1
161. Petit saint Jean-Baptiste debout. 1
162. Saint Jean-Baptiste enfant tenant sa croix. 1
163. Saint Jean-Baptiste mordant dans un fruit. 1
164. Saint Jean-Baptiste dans un âge plus avancé. 1
165. Diverses vues des édifices de Paris, 12 pieces. 12
166. Les triomphes de Louis le Juste, par Valdor, quarante-neuf pieces. 49
167. Instructions & prieres chrétiennes, par Godeau. 1

1650.

168. Diverses têtes & figures, en dix-sept pieces, point chiffrées. 17
169. Suite de neuf figures de Polonois, & autres. 9
170. Diverses vues des endroits remarquables de France, quatorze estampes. 14
171. Petit cartel en hauteur, pour des vues d'Italie. 1
172. Recueil de douze têtes coëffées à la Persienne. 12
173. *Disegno del' attacco di Longone.* 1
174. *Espugnazione del Piombino.* 1

1651.

175. Les Maures & Hongrois à cheval, onze piec. 11
176. Six feuilles d'aigles. 6

1101

1652. pieces.
Ci-contre. 1101

177. *Il Mercurio di D. Vittorio Siri.* Frontifpice *in-*4°. 1

1653.

178. Six feuilles de vues de *la villa di Pratolino.* 6
179. *Ornamenti o grotefche*, douze pieces. 12

1654.

180. Neuf chaffes de divers animaux. 9
181. La belle chaffeufe. 1
182. Le Florentin à la chaffe. 1
183. Trois petits animaux très-rares. 3

1655.

184. Les fix grandes vues du port de Livourne. 6
185. Le carroufel du duc de Modene, 18 pieces. 18
186. Quatre grands payfages en hauteur. 4
187. Clovis à cheval, enlevant Clotilde. 1

1656.

188. Six payfages & marines dans des ronds. 6
189. Six grandes vues des ruines de Rome. 6
190. *Opere di Galileo Galilei.* Frontifpice *in-*4°. 1

1657.

191. Deux bacchanales & jeux d'enfans dans des ronds. 2

1660.

192. Eftampe quarrée d'un matelot debout, &c. 1
193. Piece dans un rond : deux matelots, l'un affis par terre, &c. 1
194. Le tyran *Phalaris* faifant enfermer un homme dans un taureau d'airain. 1
195. Lucrece debout, fe jettant fur une épée. 1
196. Bas-relief antique d'une femme à qui on lave les pieds. 1

1183

	pieces.
1660.	
De l'autre part.	1183
197 Autre bas-relief d'une femme enveloppé dans une draperie.	1
198. Autre d'une femme qui s'efforce d'arrêter un taureau.	1
199. Enfant portant devant lui un très-grand masque.	1
1661.	
200. Fêtes pour le mariage de Cosme III, grand-duc de Toscane, en cinq pieces.	5
201. La petite place de Sienne.	1
202. La même, plus en petit.	1
203. Fête dans la grande place Saint-Marc, à Venise.	1
1662.	
204. Vieillard assis sur une grosse pierre.	1
205. Negre à mi-corps vu par le dos.	1
206. Turc à mi-corps tournant le dos, &c.	1
207. Quatre Turcs à mi-corps, &c.	1
208. Deux Turcs à mi-corps, &c.	1
209. Jeune matelot assis sur une butte de terre.	1
210. Enfant portant un jeune chien sur son épaule.	1
211. Enfant apprenant à un chien à se tenir assis.	1
212. Grouppe de cavaliers Turcs.	1
213. Fuite en Egypte, dans un rond.	1
214. Autre fuite en Egypte, piece quarrée.	1
215. Croquis d'une espece d'académie.	1
216. Deux petites estampes en hauteur.	2
217. Deux croquis de deux matelots.	2
218. Croquis d'un jeune homme qui embrasse un enfant.	1
219. Trois figures de Turcs à mi-corps.	1
	1212

1662.   pieces.
             Ci-contre.   1212
220. Turc ou Polonois tenant un cheval par la bride.   1
221. Deux Turcs à mi-corps, avec de gros turbans.   1
222. Six enfans au trait, dont un tient un masque de satyre.   1
223. Vieillard debout, appuyé sur son bâton.   1
224. Polonois debout, tenant son marteau d'armes.   1
225. Soldat portant son fusil la crosse en haut.   1
             1663.
226. Bataille des Amalecites.   1
227. La grande Mort des batailles, à cheval.   1
             1664.
228. La sixieme Mort, dans un ovale en hauteur.   1
             1750.
229. Véritables griffonnemens de la Belle, en six planches.   6

Sieges & batailles.

1. Plan & profil du siege de la Rochelle, sous Louis XIII, en 1628.   1
2. Profil de Landrecy en Henault, 1637.   1
3. Plan du siege du Castelet, 1638.   1
4. Profil du Castelet en Picardie, 1638.   1
5. Plan du siege de Saint-Omer, avec le discours en italien, 1638.   1
6. Hesdin, 1639. Artois.   1
7. Plan & profil du siege d'Arras, en 1640.   1
8. Siege & profil d'Erre en Artois, 1641.   1
9. Autre profil d'Aire en Flandre.   1
10. Profil de Coillouré en Roussillon, 1642.   1
11. Plan & profil de la ville & citadelle de Perpignan, 1642.   1
                                                    ———
                                                    1238

pieces.
De l'autre part. 1238

12. La bataille de Rocroy en 1643, en quatre feuilles qui font une seule estampe. 1
13. Carte de la circonvallation de Theonville, avec le profil au-dessus, 1643. 1
14. Profil de Thionville en Luxambourg, 1643. 1
15. Prise de trois vaisseaux Turcs, en 1643. 1
16. Plan & siege de la ville de Gravelines, en 1644. 1
17. Profil de Gravelines en Flandre, en 1644. 1
18. La campagne de M. le duc d'Anguyen en 1644, en quatre feuilles collées qui ne font qu'une estampe. 1
19. Plan du siege de Philipsbourg, 1644. 1
20. Profil de Philipsbourg au Palatinat. 1
21. Entrée du duc d'Anguien dans Philisbourg. 1
22. Plan du siege de la Mothe, 1645. 1
23. Profil de la Mothe en Lorraine, en 1645. 1
24. Profil de Mardick en Flandre, en 1645. 1
25. La bataille de Nordlingen en 1645, en quatre grandes feuilles collées ensemble. 1
26. Profil de Nordlingen, du 3 août 1645. 1
27. Profil de Balaguier en Catalogne. 1
28. Profil de Bethune en Artois, 1645. 1
29. Combat naval devant l'isle de Rhodes, 1645. 1
30. Profil de Courtray en Flandres, 1646. 1
31. Plan du siege de Bergues-Saint-Vinox, 1646. 1
32. Profil de Furnes en Flandres, 1646. 1
33. Profil du fort de Piombino en Italie, 1646. 1
34. Profil de Portolongone en l'isle d'Elbe, 1646. 1
35. Plan du siege Dunkerque, 1646. 1
36. Profil de Dunkerque en Flandre, 1646. 1

1263

	pieces.
Ci-contre.	1263

37. Profil du fort de Mardick, 1646. 1
38. Profil de la Baſſée en Artois, en 1647. 1
39. Profil d'Ager en Catalogne, 1647. 1
40. La priſe de la ville d'Ypres par M. le prince de Condé. 1
41. Profil d'Ypres en Flandre, 1648. 1
42. La bataille de Lens en Flandre, en 1648, en quatre grandes feuilles collées enſemble. 1
43. Vue de la bataille de Lens, 1648. 1
44. Plan de la ville & château de Tortoſe, en 1648. 1
45. Profil de Tortoſe en Catalogne, 1648. 1
46. Profil de Monmedi en Luxembourg. 1
47. Profil d'Arras en Artois. 1
48. *Diſegno dell' attacco del forte poſto di Longone*, 1650. 1
49. *Eſpugnazione delle fortif. & piazza di Piombino*, 1650. 1

Total de l'œuvre de la Belle. 1276

A la vente des eſtampes du cabinet de feu M. Potier, célebre amateur, qui s'eſt faite en mars 1757, l'œuvre de la Belle qui s'y eſt trouvé, un des mieux conditionnés que l'on connût alors pour la beauté des épreuves, contenant 1038 eſtampes, y compris quelques doubles, a été détaillé en petits lots; le total de cet œuvre s'eſt monté à 1051 liv. 3 ſols.

A la vente du cabinet de M. Clerambault, l'œuvre de la Belle, contenant 947 pieces, s'eſt vendu en un ſeul article 244 livres.

ADDITIONS & CORRECTIONS pour la Vie & le Catalogue de l'œuvre d'Etienne de la Belle.

P AGE 12, *ligne 4 de la note* 1, naquit à Florence le 15 août, *lisez* naquit le 15 août.

19, *ligne* 5, la reine Marie-Anne d'Autriche, *lisez* la reine Anne d'Autriche.

22, *ligne 3 de la note*, 1730, *lisez* 1630.

24, *ligne 1 & suiv* comme cet ouvrage étoit trop grand, &c. *effacez entiérement cette phrase jusqu'à l'a-linea, & lisez* : comme la Belle avoit gravé, douze ans auparavant, (en 1633) l'entrée d'un ambassadeur de Pologne à Rome, sous le pontificat d'Urbain VIII, il n'entreprit point de graver celle-ci.

40, *ligne* 5, occupé de ses travaux, *lisez* livré à ses travaux.

43, *ligne 10 de la note*, en 1675, *lisez* en 1655.

54, *ligne* 7, mais il est facile, *lisez* il est facile.

Ibid. *ligne* 14, jusqu'à 1250 morceaux, *lisez* jusqu'à 1276 morceaux.

67, *ligne* 25, une sainte, *lisez* une sainte.

70, *ligne* 2, les ailes sont déployées, *lisez* dont les ailes sont déployées.

74, *ligne 8 de la note*, après l'acquisition que Rossi, *lisez* par Rossi, après l'acquisition qu'il.

81, *ligne 3 de la note*, parce qu'elles sont, *lisez* étant.

85, ligne 14, *Disegna*, lisez *Disegno*.

89, *ajoutez cette note au n°* 72. Ce portrait a été fait pour le livre intitulé : *Lettere amorose di Margherita*

Margherita Costa, Romana, in-quarto, in Venetia, 1639.

Page 93, *ligne* 10, *ajoutez ceci* : les trois autres paysages m'ont été indiqués par M. Joullain fils, mais je ne les ai point vus.

101, *ligne* 10, avec sa charge sur le dos, *lisez* que des chiens commencent à manger.

113, *ligne* 6, avant cette adresse de Pierre Mariette, *lisez seulement* avant cette adresse.

Ibid. ligne 19, même grandeur, *ajoutez* & même adresse.

115, *ligne* 1 *de la note*, d'autres après avoir tiré, *lisez* d'autres font tirer.

Ibid. ligne 2, ou autrement les rognent, *lisez* ou autrement : quelques-uns les rognent.

123, *ligne* 7, *très-rares toutes les deux*, lisez *très-rares tous les deux*.

126, *ligne* 5 *de la note*, & 148, *lisez* & 168.

133, *ligne* 8, En 38 pieces, *ajoutez* non chiffrées.

144, *ligne derniere*, une vue de Paris & de l'ancien Louvre, *lisez* une vue de l'ancien Paris & du Louvre.

149, *ligne* 2 *de la note* 2, & dans l'œuvre, *lisez* elle est aussi dans l'œuvre.

150, *lignes* 27 & 28, En seize feuilles, *ajoutez* qui ne doivent point être numérotées.

156, *ligne* 5 & *suiv.* au-dessus d'elle, sainte Elisabeth accotée sur un appui de pierre où est un pot de fleurs, qui les regarde, *lisez* : au-dessus d'elle, sainte Elisabeth les regarde, accotée sur un appui de pierre où est un pot de fleurs.

160, *lignes dernieres*, dessinés & même quelques-

F f

uns gravés, *lisez* deſſinées & même quelques-unes gravées.

Page 167, *ligne* 6, une tête de chrérubin, *lisez* une tête de chérubin.

188, *ligne* 16, décorée par une fête, *lisez* décorée pour une fête.

194, *ligne* 2, long. 2 pou. 6 lig. *lisez* largeur 2 pou. 6 lig.

221, *ligne avant-derniere*, Profil de Coilloure, *lisez* Profil de Collioure.

222, *ligne avant-derniere*, Plan du ſiege Dunkerque, *lisez* Plan du ſiege de Dunkerque.

Errata, *ligne premiere*, page 12, ligne 4 de la note 1, *lisez* page 12 ligne 3.

―――――――――

Page 38, *note* 1, j'ai eu tort d'aſſurer que le ſiege de *Piombino* étoit gravé par la Belle ; à la ſeule inſpection des têtes des figures, on voit clairement qu'elles ne ſont point l'ouvrage de cet artiſte, mais de ſon ami *Livio*, comme le rapporte *Baldinucci* dans ſa vie de la Belle.

―――――――――

M. Audran, graveur, rue Saint-Jacques, qui avoit une partie conſidérable de planches de la Belle, indiquée page 205 de ce Catalogue, étant mort pendant l'impreſſion de cet ouvrage, ſon fonds a été vendu en mars 1772, & les planches ſont paſſées entre les mains du ſieur Neuilly, marchand, rue Montmartre, proche la place des Victoires ; ainſi c'eſt à lui qu'il faut s'adreſſer préſentement pour les eſtampes de la Belle & de Callot, que vendoit feu M. Audran.

SUPPLÉMENT
AU CATALOGUE.

Ayant tiré de Florence quelques estampes de la Belle, de la collection du grand-duc de Toscane, j'ai trouvé dans le paquet les trois estampes suivantes, qui ne sont point indiquées dans mon catalogue.

Epigrammi, overo specchio di Parnasso, di Antonio Guelfi. C'est un frontispice *in-*12, où l'on voit le titre ci-dessus écrit dans un grand cartel. A droite, une muse debout, tenant un miroir, dans lequel un satyre assis se regarde. A gauche, une autre muse tient un livre ouvert, dans lequel un autre satyre, qui est aussi assis par terre, semble lire. Au haut, on voit deux génies tenant des livres ouverts des deux côtés d'un petit cartel où il y a des armes. Au bas de l'estampe, dans l'angle à droite, on lit le chiffre de la Belle en trois lettres, *S. D. B.* entrelacées.

Haut. 3 pou. 8 lig. larg. 2 pou.

Petite estampe en travers : un valet Polonois sur un cheval au milieu d'une riviere, tenant un autre cheval à côté de lui ; les deux chevaux ont de l'eau jusqu'à la moitié des jambes. L'homme & les chevaux sont vus de profil, & ils sont tournés vers la gauche. Cette estampe paroît avoir été gravée en maniere noire dans les parties ombrées.

Haut. 2 pou. 10 lig. long. 4 pou. 8 lig.

Petite estampe en travers : sur le devant à gauche, un forçat Turc debout, vu en face, jouant des cymbales. Dans le lointain à droite, la mer, avec une grande & une petite barque. A gauche, trois hommes qui font la cuisine sur le rivage. En face dans le lointain, une ville & un port de mer. Cette estampe est un peu douteuse, & retouchée. Haut. 2 pou. 8 lig. long. 3 pou. 7 lig.

F I N.

APPROBATION DU CENSEUR ROYAL.

J'AI lu par ordre de Monseigneur le Chancelier, le manuscrit intitulé : *Essai d'un Catalogue de l'œuvre de la Belle*, &c : cet ouvrage curieux & utile m'a paru mériter d'être public. A Paris, ce 16 Janvier 1772.

Signé, COCHIN.

PRIVILEGE DU ROI.

LOUIS, par la grace de Dieu, Roi de France & de Navarre : A nos amés & féaux Conseillers, les Gens tenans nos Cours de Parlement, Maîtres des Requêtes ordinaires de notre Hôtel, Grand Conseil, Prevôt de Paris, Baillifs, Sénéchaux, leurs Lieutenants Civils, & autres nos Justiciers qu'il appartiendra, SALUT : Notre amé le sieur JOMBERT, Pere, Libraire, Nous a fait exposer qu'il desireroit faire imprimer & donner au public un *Essai d'un Catalogue de l'œuvre de la Belle* ; s'il Nous plaisoit lui accorder nos Lettres de permission pour ce nécessaires. A CES CAUSES, voulant favorablement traiter l'Exposant, Nous lui avons permis & permettons par ces présentes, de faire imprimer ledit Ouvrage autant de fois que bon lui semblera, & de le faire vendre & débiter par tout notre royaume, pendant le tems de trois années consécutives, à compter du jour de la date des présentes. Faisons défenses à tous Imprimeurs, Libraires, & autres personnes, de quelque qualité & condition qu'elles soient, d'en introduire d'impression étrangere dans aucun lieu de notre obéissance. A la charge que ces Présentes seront enregistrées tout au long sur le registre de la Communauté des Imprimeurs & Libraires de Paris, dans trois mois de la date d'icelles ; que l'impression dudit Ouvrage sera faite dans notre Royaume, & non ailleurs, en bon papier & beaux caracteres ; que l'Impétrant se conformera en tout aux Réglemens de la Librairie, & notamment à celui du 10 Avril 1725, à peine de déchéance de la présente Permission; qu'avant de l'exposer en vente, le manuscrit qui aura servi de copie à l'impression dudit Ouvrage, sera remis dans le même état où l'approbation y aura été donnée, ès mains de notre très-cher & féal Chevalier, Chancelier, Garde des Sceaux de France, le sieur DE MAUPOU; qu'il en sera ensuite remis deux exemplaires dans notre Bibliotheque publique, un dans celle de notre Château du Louvre, & un dans celle dudit sieur DE MAUPOU; le tout à peine de nullité des Présentes. Du contenu desquelles vous mandons & enjoignons de faire jouir ledit Exposant & ses ayans cause, pleinement & paisiblement, sans souffrir qu'il leur soit fait aucun trouble ou empêchement. Voulons qu'à la copie des Présentes, qui sera imprimée tout au long au commencement ou à la fin dudit Ouvrage, foi soit ajoutée comme à l'original. Commandons au premier notre Huissier ou Sergent sur ce requis, de faire pour l'exécution d'icelles tous actes requis & nécessaires, sans demander autre permission, & nonobstant clameur de haro, charte Normande, & lettres à ce contraires : Car tel est notre plaisir. DONNÉ à Paris, le douzieme jour du mois de Février, l'an mil sept cent soixante-douze, & de notre regne le cinquante-septieme. Par le Roi en son Conseil.

LE BEGUE.

Registré sur le Registre XVIII de la Chambre Royale & Syndicale des Libraires & Imprimeurs de Paris, N°. 1874, folio 606, conformément au réglement de 1723. A Paris, ce 17 Février 1772.

J. HERISSANT, Syndic.

www.ingramcontent.com/pod-product-compliance
Lightning Source LLC
Chambersburg PA
CBHW052246220526
45471CB00001B/218